生き残りたければ「進化」し続けろ！

歳から劇的に仕事ができるようになった秘訣

づけます！」

ムの口ぐせだ。依頼された仕事が定時までに終わ
ょのに上司に「明朝までにやる」と言い、朝の4
かって仕事をすることが多かった。

ゞ悪いので、普通なら【10】の時間で終わるはず
ゞと【20】とか【30】かかる。いや、それで終わ
ɔ局終わらずに上司や同僚に迷惑をかけることも

後はこっちでやるから……」

ょず社会に出た。バブルの時期に一念発起して青
こ参加した。20代のころはやりたいことができて
青春を謳歌していたと今でも思っている。

蔑を過ぎてから、長い間勉強しなかったツケが回
ょテムエンジニアとしての実務的な技術は身に付
ɔコミュニケーションのとり方、仕事の段取りの
ɔ本質を見抜く力などがまったく足りていなかっ

JN188386

トップコン

「戦

勉

横山信

私が35

「朝までには

30歳ごろの

らない。それ

〜5時までか

人一倍要領

の仕事が、私

ればいいが、

多々あった。

「もういいよ

大学を卒業

年海外協力隊

楽しかった。

しかし、**30**

ってきた。 シ

けても、人と

取り方、物事

たのだ。

　しかし、そんな私がひょんなことから35歳でコンサルタントになった。数年後に実績を出し始めると、セミナーや講演のオファーが殺到し、41歳には処女作を出版。現在は、YouTubeなどのSNSの総フォロワー数は6万人を超え、メルマガも3万8,000人、24冊発表した書籍は海外を含めると50万部を超えるほどの影響力を持つようになった。

　また、私が代表を務める会社は14年以上、売上目標も利益目標も下回ったことはない。

　——なぜ、そんなことができたのか？

　間違いなく、効果的に勉強したことが奏功したと私は思っている。当時、コンサルティングの仕事を教えてくれる人は誰もいなかった。税理士とか会計士みたいに資格もない。だから、すべて独学で勉強した。

　つまり、コンサルティング会社に転職した35歳からの3〜4年の間に「自ら考えて」勉強したこと、身に付けたことが、今の私のすべての礎になったのだ。

日本人が「勉強できない」意外な理由とは？

　私がコンサルタントとして実績を残せたのも、経営者として安定した組織作りができたのも、情報発信者として影響を出せるようになったのも、すべて効果的に勉強できた経験が大きいと思っている。

それは、決して私が特別だったわけでも時代のおかげだったわけでもない。**今でも効果的な勉強法を身に付けさえすれば、目の前の仕事のみならず、将来においても安定して成果が出せるビジネスパーソンに生まれ変われる**だろう。

　ところが、日本のほとんどのビジネスパーソンは、そもそも勉強をしていない。

　総務省統計局が2016年に実施した「社会生活基本調査」によると、社会人の勉強時間は平均「1日6分」だった。その6年後、2022年に実施した同調査でも、平均は「1日13分」だった。

　6年の間で、たったの「7分」しか増えていない計算だ。「リスキリング」という言葉が浸透し始めたのは2020年の頃からである。世界経済フォーラム年次総会（ダボス会議）において「リスキリング革命」という言葉が使われ、技術革新やビジネスの変化に対応するために新しい知識やスキルを得ることの必要性が全世界に明らかになったことがきっかけだ。

　それでも日本人の勉強不足はいっこうに改善されず、世界と比べて危機感を持った日本政府が個人のリスキリング支援に5年で1兆円を投じると2022年に表明したほどだ。

　欧米のみならず、アジア諸国を含めた調査を見ても日本人が突出して「勉強不足」だとわかる。勤務先以外での自己研鑽においては、衝撃のデータが調査結果によりわかっている。

Q：あなたが自己成長を目的として行っている勤務先以外での学習や自己啓発活動についてお知らせください。
回答：とくに何も行っていない

- 世界平均……18.0%
- 日本……52.6%

社外の学習・自己啓発の活動状況

Q. あなたが自分の成長を目的として行っている勤務先以外での学習や自己啓発活動についてお知らせください。(複数回答／選択肢11項目)

※全体の回答で降順

	全体	東アジア					東南アジア						南アジア	オセアニア	北米	ヨーロッパ			
		日本	中国	韓国	台湾	香港	タイ	フィリピン	インドネシア	マレーシア	シンガポール	ベトナム	インド	オーストラリア	アメリカ	イギリス	ドイツ	フランス	スウェーデン
	(18223)	(1000)	(1002)	(1005)	(1001)	(1002)	(1059)	(1010)	(1000)	(1002)	(1002)	(1002)	(1119)	(1003)	(1010)	(1003)	(1000)	(1001)	(1002)
読書	34.5	23.2	27.5	39.1	26.1	34.9	27.9	43.7	42.2	38.5	32.7	48.5	33.5	35.4	41.0	38.0	36.7	31.0	22.1
研修・セミナー、勉強会などへの参加	30.4	11.6	27.4	21.6	26.1	23.7	28.0	50.4	50.1	44.7	33.9	41.9	43.6	25.1	27.2	22.7	27.0	23.3	18.0
資格取得のための学習	22.0	15.9	22.9	27.4	23.3	18.8	22.2	29.4	43.6	25.2	17.9	42.4	30.6	15.7	20.3	14.1	19.6	12.2	13.2
通信教育、eラーニング	21.8	7.1	32.9	9.8	26.8	24.2	30.0	28.1	18.8	26.7	21.7	29.8	30.7	17.5	20.1	20.1	14.9	15.6	15.3
語学学習	20.9	9.9	17.8	25.9	26.5	28.7	26.2	20.9	27.0	23.1	14.7	46.3	25.6	10.8	15.7	13.7	11.6	19.0	12.3
副業・兼業	19.5	8.9	14.7	15.4	20.3	18.6	33.9	31.5	27.1	29.5	13.6	25.4	26.8	14.3	20.6	12.2	12.1	11.4	13.4
NPOやボランティアなどの社会活動への参加	17.0	3.4	12.3	8.4	12.4	11.3	18.3	25.1	37.5	21.7	16.2	24.1	31.4	12.0	17.7	15.2	12.3	12.6	14.1
勉強会などの主催・運営	12.8	2.9	18.1	9.6	15.3	10.2	13.7	11.8	13.1	18.9	9.9	19.7	23.4	8.4	11.9	9.2	12.6	11.5	9.5
大学・大学院・専門学校	8.1	1.7	5.9	3.5	7.2	5.3	5.6	13.8	14.0	8.4	7.4	5.5	13.0	8.3	12.5	4.5	11.2	4.9	10.5
その他	2.2	3.8	0.8	2.5	1.3	1.3	1.1	2.6	1.2	2.4	1.5	1.2	1.1	1.9	2.8	3.6	4.5	2.9	3.8
とくに何も行っていない	18.0	52.6	20.6	19.3	14.5	18.8	13.4	5.6	5.4	9.5	20.1	3.6	3.2	28.6	15.7	24.1	21.2	22.6	28.1

※ベースは「全数」、( )内は回答者数
※得点の高低で色付け(高得点:赤、低得点:グレー)
※対象地域【東アジア】日本(東京、大阪、愛知)、中国(北京、上海、広州)、韓国(ソウル)、台湾(台北)、香港【東南アジア】タイ(グレーターバンコク)、フィリピン(メトロマニラ)、インドネシア(グレータージャカルタ)、マレーシア(クアラルンプール)、シンガポール、ベトナム(ハノイ、ホーチミンシティ)、【南アジア】インド(デリー、ムンバイ)、【オセアニア】オーストラリア(シドニー、メルボルン、キャンベラ)、【北米】アメリカ(ニューヨーク、ワシントン、ロサンゼルス)、【ヨーロッパ】イギリス(ロンドン)、ドイツ(ベルリン、ミュンヘン、ハンブルグ)、フランス(パリ)、スウェーデン(ストックホルム)
出典：パーソル総合研究所「グローバル就業実態・成長意識調査(2022年)」

なんと、日本では5割以上が「ゼロ勉強社会人」なのだ。

なぜこれほどまでに日本人は勉強しないのか？
そんなに勉強が嫌いな人種なのか？
世界と比べても、突出した怠け者なのだろうか？

絶対にそんなことはない。確かに新しいイノベーションを起こすような発想力がある天才は多くはないだろうが、何より日

本人は世界的に見て「勤勉」だ。よく学び、よく働く実直な人種である。

　だから、「勉強しない日本人」がこれほど多い理由は、ただ1つしかない。

「何を勉強したらいいのか、わからない……」

　これだけなのだ。日本の中学生や高校生は昔と変わらず一所懸命に受験勉強をしている。社会に出ても仕事に必要な資格があれば、資格取得のために勉強に打ち込む人は多い。

　つまり、「何を勉強したらいいか」さえわかれば、自然と日本人は勉強するのだ。

対象は「何を勉強したらいいかわからない」社会人

　ご存じのとおり、現在は「リスキリング」「人的資本経営」の時代だ。政府も企業も人材育成に本腰を入れている。

　環境は整った。この流れに乗っていこう。産業構造が激変する中、2023年から大手企業が大規模なリストラをスタートさせている。事業転換についてこられない社員は生き残れない時代になったのだ。

　生き残りをかけて勉強するぐらいの気持ちが必要だ。

　そのために本書を執筆した。本書では、身に付ける知識や技術として、厚生労働省が推奨する「ポータブルスキル」の取得をメインに扱うことにした。ポータブルスキルとは、どんな業

界で働こうとどんな職種に就こうと活かせるスキルのことだからだ。

それらのスキルを働きながら効果的に身に付けるための考え方、勉強のやり方を本書では徹底的に解説する。

本書は「How」ではなく「What」を中心に書いた。

「そもそも何を勉強したらいいかわからない」

と悩んでいる社会人を対象にした本だ。

読むだけで【20種類】のこれからの時代に活躍できるビジネスパーソンとしての必須知識やスキルが手に入るだろう。

どんなに時代が変化しても対応できるビジネスパーソンとなるために、ぜひ一緒に学んでいきたい。

横山信弘

CONTENTS

CONTENTS

PART 1

トップコンサルタントが教える

超効率的な
戦略的勉強法とは？

ゼロ勉強社会人を卒業する「仕事中勉強法」

社会人に「勉強時間」はどれくらい必要なのか？

　社会人が勉強する上で、私がもっとも重要だと思っていることがある。それは、**十分な勉強時間を確保すること**だ。おそらく、多くの人は反論するだろう。「大学受験や資格勉強でもないのにそんなに時間が必要か？」と。

　たしかに週に20時間、30時間も勉強する必要はない。しかし、毎日数分、週に1時間程度の勉強では「ゼロ勉強社会人」を卒業したとはいえない。

　それでは、どれぐらいの勉強時間を確保すべきなのだろうか？その問いに答えるため、人材教育にまつわる有名な「ロミンガーの法則」を用いて考えてみたい。

「ロミンガーの法則」とは、仕事における人の成長に関する影響をまとめたもので「70：20：10の法則」とも呼ばれている。

　3つの割合があるとおり、人の成長に大きな影響をもたらすのは以下の3種類であり、それぞれ、

- 業務体験：70％

- 他者からの薫陶：20％

- 研修／読書：10％

とされている。

「ロミンガーの法則」（「70：20：10の法則」）

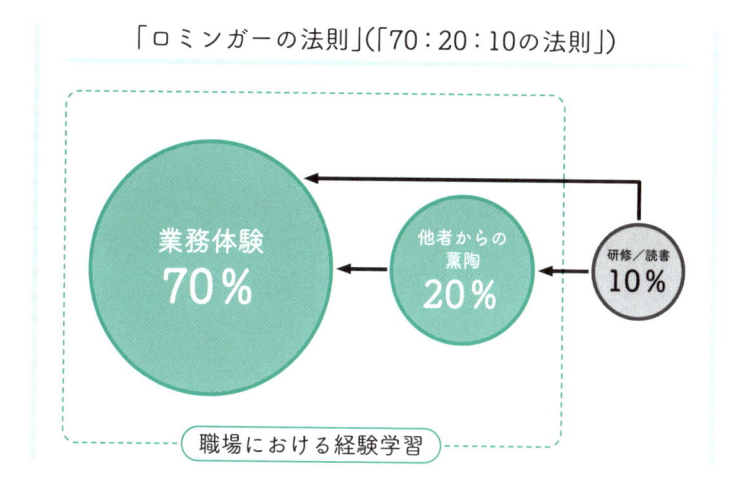

業務体験
70%

他者からの
薫陶
20%

研修／読書
10%

職場における経験学習

　そこで年間の労働時間を一人当たり2,000時間として計算してみる（1日8時間×月21日間労働×12か月＝2,016時間）。これを「70：20：10の法則」で分解してみると、

- 業務体験 ➡ 1,400時間
- 他者からの薫陶 ➡ 400時間
- 研修／読書 ➡ 200時間

　となる。ここで気になるのが200時間の「研修／読書」だ。この200時間は、自ら特別に意識して確保すべき勉強時間のことであり、この時間を月平均にすると、**毎月16〜17時間を研修や読書といった新しいことへの学びの時間として作らなければならない**という計算となる。これを1日に換算すると、おおよそ

「毎日1時間」となる。

忙しい社会人にお勧めするのは「仕事中勉強法」

　とはいえ、こういった時間を確保できるかというとなかなか難しいはずだ。資格試験対策のためなら半年や1年ほどの一時的になら頑張ることはできる。しかし、10年も20年もコンスタントに月16時間も勉強し続けられるかというと、

「そこまでできない……」
「やれる自信がない……」

　と受け止める人が大半だと思う。さらに年齢を重ねるごとに子育て、親の介護などいろいろなライフイベントが目白押しだ。

　そこで、**私がお勧めするのが「仕事中勉強法」だ。**

　私が提唱している社会人に特化した学習法で、時間がない人が就労時間内に本気で執り行う勉強法である（「本気でやること」がポイント）。

　誤解がないようにしたいのは、職場で目先の仕事はそっちのけで隠れて勉強するといったことではない。**自分に与えられた業務をしっかりとこなしつつ、そこに学び（勉強）の要素を取り入れていく**という方法だ。

　会社に貢献するためはもちろんのこと、将来の自分のためにも仕事をしながらしっかり勉強もするという形となり、一例を挙げると、

　• 企画書を書きながら「ピラミッドストラクチャー」を学ぶ

　このように決めたら、まずは「ピラミッドストラクチャー」が紹介されている書籍を「水平読書（本書228ページ参照）」して知識を身に付け、職場では、会議中に「ピラミッドストラクチャー（120ページ参照）」を少しずつ実践しながらこの技術を体得していくのである。その他にも、

- ランチのときに「フェルミ推定」のトレーニングをする
- 飲み会の幹事を引き受けたら「ダンドリ力」を鍛える
- お客様との打ち合わせの際に「質問力」を意識する

　など、「仕事をしながら勉強にも励む」を常に実践するのだ。

　就労時間内だからダラダラ勉強している余裕がない。自然と集中できるから勉強の効果も高くなる。

　この「仕事中勉強法」の実践方法をこのあとのPART 2とPART 3で詳しく紹介していきたい。

　なお、近年の職場での業務は多岐に亘りかつ加速度的な速さで新しい概念・知識が誕生していく。生成AIなどまさにそれだ。これに対応する方法については別途、PART 4で紹介していくことにする。目新しいことを学ぶ方法として、私が実践している情報収集法から知識を得るための読書術や最新のデジタルスキルの習得法まで詳細に解説しているので、併せて読んでもらいたい。

超効率的！仕事中に勉強する
３つのポイント

「仕事中勉強法」３つのポイント

　前節で紹介したように、社会人が勉強する上で仕事中に勉強するのが一番効率的かつ効果的だと私は考えている。そのやり方を「仕事中勉強法」と名付けた。この「仕事中勉強法」のポイントは３つある。

（1）仕事で結果を出そうとすること
（2）ポータブルスキルに焦点を合わせること
（3）徹底して社内制度を活用すること

　まず１つ目の「仕事で結果を出そうとする」から解説していこう。

　仕事で結果を出すために勉強する——この発想は普通だ。誰だってそうするだろうし、そうすべきだ。しかし、そうではなく、**「自分の勉強のために仕事で結果を出そうとする」と逆の発想をする**のだ。自分の未来のために目先の仕事で結果を出そうとする。

　そもそも効果的に勉強するには、多少なりとも負荷が必要である。なんとなく研修を受けたり、本を読んでも頭に入らない。

スキルアップもしない。結果を出そうとするから適度なストレスがかかり、その結果としてスムーズに知識習得ができるのだ。

このやり方を選ぶメリットは2つある。

1. 社内で評価される
2. 気持ちよく継続できる

「社内で評価される」のは当たり前だ。本音は勉強のためだが、仕事で結果を出そうとして必死に勉強するわけなので、社内で評価されるに決まっている。

「気持ちよく継続できる」のも当然と言えよう。どんなに将来に役立つ資格試験の勉強をしていたとしても、仕事に直結しないことに多くの時間を割いていると継続しづらくなっていく。

しかし、仕事で結果を出そうとして、

「業務効率化のために、『ダンドリ』を勉強しています」

「お客様の購買心理を知るために、『行動経済学』の研修を受けてきます」

といった姿勢をとれば、まわりからも支持されるはずだ。

厚生労働省が推奨する「ポータブルスキル」とは？

「仕事中勉強法」の2つ目のポイントは「ポータブルスキルに焦点を合わせる」ことだ。

あらためて説明するが、「ポータブルスキル」とは、一般社団法人人材サービス産業協議会（JHR）が開発した「業種や職種

が変わっても持ち運びができる職務遂行上のスキル」のこと。これはビジネスパーソンにとって極めて重要な概念だ。

ポータブルスキルについて、詳しくは厚生労働省のホームページで確認できる。

ポータブルスキルの構成要素

仕事のし方	成果を上げるために重要な行動		職務遂行上、とくに重要であるもの
	課題を明らかにする	現状の把握	課題設定に先立つ情報収集の方法や内容、情報分析など
		課題の設定方法	設定する課題の内容 （会社全体、事業・商品、組織、仕事の進め方の課題）
	計画を立てる	計画の立て方	計画の期間、関係者・調整事項の多さ、前例の有無など
	実行する	実際の課題遂行	本人の役割、スケジュール管理、関係者、柔軟な対応の必要性、障害の多さ、成果へのプレッシャーなど
		状況への対応	柔軟な対応の必要性、予測のしやすसなど

人との関わり方	対人マネジメントで重要なこと		職務遂行上、とくに重要であるもの
	上司 社外 社内 部下	社内対応 （上司・経営層）	指示に従う必要性、提案を求められる程度、社内での役割期待など
		社外対応 （顧客、パートナー）	顧客、取引先、対象者の数、関係の継続期間、関係構築の難易度など
		部下マネジメント （評価や指導）	部下の人数、評価の難しさ、指導・育成が必要なポイントなど

出典：一般社団法人人材サービス産業協議会「"ポータブルスキル"活用研修」

大別すると、「仕事のし方」と「人との関わり方」の2つのスキルに分けられ、その中の各要素は下記のとおりとなっている。

【仕事のし方】
• 現状の把握　• 課題の設定方法　• 計画の立て方
• 実際の課題遂行　• 状況への対応

【人との関わり方】
• 社内対応　• 社外対応　• 部下マネジメント

　20年近くコンサルタントをしてきた経験からして、このまとめ方は素晴らしいと思う。とても重要な要素が抜き出されていて、**これらのスキル向上が自分自身の市場価値（マーケットバリュー）を高めることになるに違いない。**

　ただし、表現がわかりづらいとも思う。抽象的すぎて何をどうしたらこれらのスキルが身に付くのかがイメージができない。

　したがって、本書の中では以下のように表現を変えたい。

- 「仕事のし方」＝**コンセプチュアルスキル**
　定義：複雑な事象を概念化して本質を把握するスキル

- 「人との関わり方」＝**ヒューマンスキル**
　定義：交渉や調整の際に円滑なコミュニケーションをとれる
　対人スキル

　このように「コンセプチュアルスキル」と「ヒューマンスキル」と名称を改め定義することで、何をどう勉強したらいいのか具体的なイメージを持てるだろう。この2つのスキルに着目する最大のメリットは、**将来の仕事だけでなく、目の前の仕事にも役立つ**ということだ。この2つのスキルの磨き方は、このあとPART 2とPART 3でより実践的に紹介していく。

社内制度を活用しないともったいない！

「仕事中勉強法」3つ目のポイントは、「徹底して社内制度を活

用すること」だ。

　実務で役立つ研修などは誰でも受講する。なぜなら、その知識や技能を習得しないと自分に与えられた業務を遂行することができないからだ。これらは「マスト（Must）」の勉強と言える。

　経理担当は簿記の勉強をしなければならないし、システムエンジニアはシステム設計やプログラミングを習わないと仕事ができない。

　いっぽう、先述したコンセプチュアルスキルやヒューマンスキルは「マスト（Must）」ではなく、どちらかというと「ナイストゥハブ（Nice to have）」の勉強となる。「あればよい」けれど「必須」ではないと受け止められがち。なので、

「『ロジカルシンキング』の研修を受けてみないか？」

「『マネジメントスキル』をゼロから学べる講座があるが、どうだ？」

　と会社から勧められても、

「時間があればぜひ受けたいのですが、最近忙しいので……」

　などと言って断る人が実に多い。私自身がこういった研修の講師をしているので、この点は肌で感じている。

　しかし、この姿勢は極めてもったいない。「忙しいから研修を受けられない」ではなく、

「研修を受けるために、仕事のダンドリを整えよう」

「日頃から上司と対話を心掛けよう」

　と意識すべきだ。その意識だけで、ポータブルスキル、ヒューマンスキル向上に役立つ。

　せっかく手厚い社内制度があり、活用できる権限があるのにもかかわらず、まるで無関心の人はとても多い。

　以前、会社を辞めてフリーランスになった人が「**独立してからは勉強するのにもお金がかかる**。会社員のときにしっかりと社内制度を活用しておけばよかった」と言って、とても後悔されていた。

　また、**社内制度を活用すれば堂々と業務時間内に勉強できる**。もし時間外であったとしても、それは残業としてみなされる。社内制度をよく知らないという人は、今すぐ確認したほうがいい。

　社内制度を利用せず、自分のお金で、しかも業務時間外にオンラインサロンに参加したり、コミュニティに所属して時間を浪費したりするのはやめよう。「楽しむこと」が目的ならいいが、純粋な勉強、スキルアップには繋がらない。勉強は原則、一人でやるものだから。

効率的に「仕事中勉強法」をするための本書の使い方

　ここで本書の流れを簡単に説明しておきたい。このあと PART 2で「コンセプチュアルスキル（＝仕事のし方）」、PART 3で「ヒューマンスキル（＝人との関わり方）」にある各項目を磨くための具体的な「仕事中勉強法」を1つずつ紹介していく。

　読むだけで知識やスキルが身に付くだろう。どんなシチュエーションで「仕事中勉強法」を実践していけばいいか、イメージも持ってもらえるはずだ。

勉強を継続させる
「正しい目標」の決め方

何のために勉強するのかと「我に返らない」

　さて、コンサルタントとして私がコンセプチュアルスキルと
ヒューマンスキルをどうやって学んでいったかを知ってもらう
前にもう少し理解しておいてもらいたいことがある。

　**社会人が勉強するとき、その目的は「勉強すること」そのも
のでかまわない。**これは山登りの目的と似ている。山登りが好
きな人は、山に登りたいから山に登るのだ。その目的を果たそ
うとしていると、あとから素晴らしい気分になったり、達成感
を味わえたりする。これらはすべて後付けの感情だ。

　社会人の勉強も同じだ。目的は「勉強」であり、しっかり勉
強することで脳が活性化し、柔軟性が身に付いたり、ストレス
耐性が上がったりする。考える力が身に付き、覚悟を決められ
るようになる。

　私は16年以上メルマガを発信し続けている。週に2〜5回発
信しているが滞ったことは一度もない。

　「何のためのメルマガを出しているのか？」と自問自答するこ
ともあるが、すぐ自制する。それをしてしまうと、継続できな
くなるかもしれないと思うからだ。

　勉強するときもそうだ。「継続するために勉強しよう」「習慣

化するために勉強しよう」とあまり我に返らないようにすることを私は強くお勧めする。

「勉強しがい」のある目標の決め方

とはいえ、何となく勉強をしていても、勉強の効果は実感しづらい。目的はともかくとして、目標があったほうがいい。ゴールや目的地だ。そうでないと、だらだら本を読んだり、何となく研修を受けることになる。いくら勉強をすることが重要だといっても、目標がないとさすがに効率的に学べない。

それに「勉強しがい」がないではないか。資格試験などは最もわかりやすいゴールだ。しかし、そういったわかりやすいゴールがないのなら、これから紹介する「理解レベルの4段階」を参考にしてほしい。勉強する上での大事なモノサシとなる。

まずは、レベル2を目指し、経験を積んでレベル3にする。さらに上司として部下育成したり、お客様にレクチャーすべきなら、レベル4まで目指したほうがいいだろう。

「理解」には4つの段階がある

それではさっそく「理解レベルの4段階」について解説していく。まずは「理解には4つのレベルがあり、それを無視して一足飛びに理解が進むことはない」と捉えよう。

まず理解レベル1についてだ。**学ぶ意識が低くかったり、ネット記事やブログ、動画といった断片的な情報のみで勉強して**

いると表面的な知識しか手に入らない。理解どころか「正しい知識」の習得もできていないはずだ。

このように、多角的な視点が手に入らないと勉強を終えても「参考になった／参考にならなかった」程度の浅い印象しか残らない。これがレベル1の状態である。

次に理解レベル2だ。多様なインプットを通じて、多角的な視点で物事を見られるようになっている状態。これがレベル2である。全体像を理解した上で、何が論点で、何がトピックで、何が具体的なコツかも整理できている。そのためには、体系的に書かれた複数の書籍や研修からのインプットが不可欠だ。

一方で、体系的に知識を身に付けても実際に経験し安定して成果を出さないと腹に落ちることはない。

知識を身に付けると最初はわかった気になる。だが、知識を応用してもうまくいかないことが増えると納得できなくなるものだ。「本当にこの知識・ノウハウは役に立つのか？」と疑うようになる。

「理解＝言葉×体験」

を頭に入れ、知識に基づいた実践を繰り返す。知識と経験が資産化するといずれ点と点が繋がって——まさにスティーブ・ジョブズが言った「コネクティング・ザ・ドッツ（「点と点を繋ぐ」の意味)」を体現することになる。そうすると、複利曲線を描くように理解レベルが上がっていき、腹に落ちる。「ああ、そうか！」といった「腹に落ちる／腑に落ちる」という心理現象を味わったら、理解レベル3の状態に達したと受け止めていいだろう。ここで大事なことは「知識に基づいた経験」

が増えることだ。自分なりのやり方で経験を積んでも、なかなか点と点が繋がることはない。

　さらにレベルが進むと腹に落ちるだけでない。膨大な知識資産、経験資産によって、借り物の言葉ではなく、自分の言葉で人に教えられる域に達する。これが理解レベル4の状態だ。

　大量の試行錯誤を重ねているため、センスが磨かれている。何がいいか、何が悪いかを一瞬で見抜くことができる。**理解レベル4にまで達すれば、知識や知恵のみならず知性も身に付いたと捉えていい。**

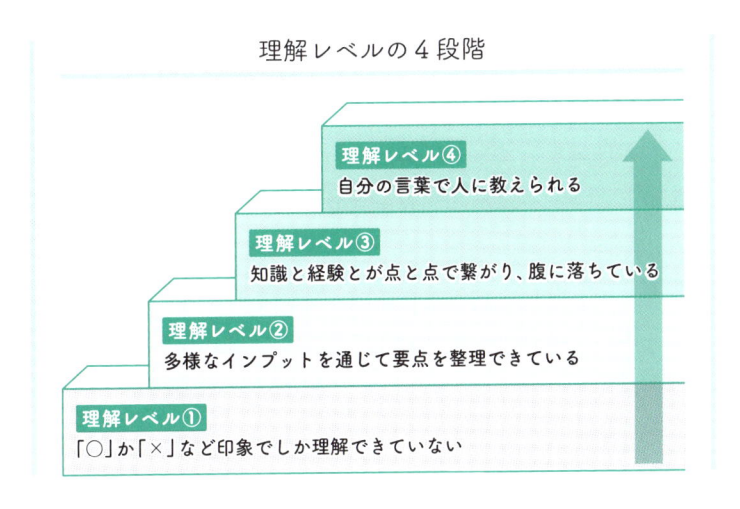

理解レベルの4段階

理解レベル④
自分の言葉で人に教えられる

理解レベル③
知識と経験とが点と点で繋がり、腹に落ちている

理解レベル②
多様なインプットを通じて要点を整理できている

理解レベル①
「○」か「×」など印象でしか理解できていない

　こういったモノサシを頭に入れて研修を受けたり、読書に勤しんだりすれば、効果的に勉強できるはずだ。

社会人がやらないほうがいい、
たった１つの勉強法

オンラインサロンやコミュニティに入るのはやめる

　本章の最後に社会人がやらないほうがいい勉強法をお伝えしておきたい。それはたった１つだけ、**交流がメインの講座やオンラインサロンに参加すること**だ。人と人とが交流する時間や機会をやたらとお勧めするコミュニティやオンラインサロンなどは、できる限り避けたほうがいい。

　たしかにモチベーション維持のためには効果があるだろう。しかし、交流のための時間が大きく取られると勉強効率が非常に悪くなる。

　私がとても気になる言葉を紹介する。それは「勉強になります」という言葉だ。交流会などでビジネスパーソンと会い、いろいろ話をしていると、

「とても勉強になります」

「学びの深い時間になりました」

　などと言われることが多い。あるテーマについてレクチャーしてそう言われるのは嬉しいが「実際にいったい何が勉強になったのか？」と問いたくなる。何かを学んだ際のポイントは「記憶」である。それでは、一体何が記憶されたのか、必要なときにタイミングよく思い返せるように脳に記憶された知識やノウ

ハウは何か？と問いたくなってしまう。

その場限りの「気付き」を得ただけで、「勉強になります」と言ってはいないか。実のところ、何を隠そう、私も昔はそうだった。いろいろなコミュニティに参加し、著名な著者、経営者に会いに行って、「勉強になります」と言い続けた過去がある。楽しいし、その時間は充実している。だが、結局は何も残らなかったことが大半だった。

勉強は一人でやるもの

先にも述べたが、勉強は一人でやるものだ。資格試験や高校受験、大学受験を思い出してほしい。人から刺激を受けることは大事だ。しかし誰かと交流している時間があるぐらいなら、10分でも20分でも勉強したほうがいいと思ったはずである。それは社会人になっても当然同じだ。

もちろん、人と交流することによっていろんな学びを得ることができる。

しかしそれは、**そのテーマにおける「理解レベル」が3以上になってからにしよう**（「理解レベル」はP25参照）。

理解レベルが3以上になれば、同レベル以上の人と話をすることで、深い気付きを得られるだろう。

たとえば「採用におけるAI活用」というテーマで考えてみる。理解レベル1の人だと、

「やっぱり採用面接にもAIを活用したほうがいいんですね。勉強になります」

ぐらいしか言えない。こういった発言を聞いて相手も「ああ、そうですね。確かに、時代は変わっていきますからねえ……」といったリアクションしかとりようがない。

理解レベルが低い人は「カモ」にされる

「今日も勉強になりました。ありがとうございました」

　これぐらいの感想しか言えない人は、まずそのテーマにおける知識やノウハウをしっかり勉強した上で、あらためてコミュニティやオンラインサロンに参加するようにしよう。

　勉強しているかどうかは、記憶している知識量で測ればいい。

　単に知識が増えればいいわけではないのはわかっている。しかし体系的な基礎知識がない限り、知識と経験が繋がって新たな知見や知恵が生まれることはないのだ。

　理解が足りないと、コミュニティやオンラインサロンの頂点に君臨するオーナーの「養分」にされてしまう。いつかは成果が出ると信じて高い会費を支払い続けることになる。

　それどころか、交流会で理解レベルの高い他メンバーの格好の営業ターゲットになることも多い。別のコミュニティに誘われたり、高額の情報商材を売り込まれる可能性もある。つまり「カモ」にされるわけだ。

「ダム勉強」を意識する

　私が理想として奨励するのは「ダム勉強」だ。松下幸之助が

提唱した「ダム経営」と同じ発想だ。

必要なときに必要な分だけ勉強するのではなく、普段から勉強を通じてある一定量の知識やノウハウを常に蓄えておくこと。これがダム勉強だ。お金と同じで、知識やノウハウ資産に余裕があれば安心だ。ここぞというときに蓄えられた知識やノウハウを有効活用できる。

だから、**「社会人の学び」では、理解レベル2ぐらいまでは少しばかり負荷がかかっても必須でやるべきだ。**知識量を増やすことに力を注ごう。

勉強は受験や資格対策と比べるとわかりやすい。同じ目標を持つ人と集まって情報交換するのもいいが、基本的には一人でやるものだ。そこは学生も社会人も同じ。勉強は孤独な作業であり、自分との戦いなのである。

先に学ぶべきはコンセプチュアルスキル?

さて、ここまで読んでもらえたら、私が35歳から劇的に仕事ができるようになった秘訣はわかってもらえたと思う。

それでは次からPART 2、PART 3で実際に私が実践していた「仕事中勉強法」を事例を交えながらわかりやすく紹介していきたい。

ところで、コンセプチュアルスキルをヒューマンスキルよりも先に紹介するのには理由がある。**コンセプチュアルスキルを先に身に付けたほうが、ヒューマンスキルも効率的に勉強できる**からだ。

ここで私がいつも胸に刻んでいる稲盛和夫氏の名言を紹介しよう。

バカな奴は、単純なことを複雑に考える。
普通の奴は、複雑なことを複雑に考える。
賢い奴は、複雑なことを単純に考える。

　単純なことを複雑に考える人がヒューマンスキル（＝コミュニケーションスキル）を鍛えてもなかなか上達しない。自分の頭が整理できないのに理路整然と伝えることはできない。場当たり的に質問したりすれば相手から反感を買うことになる。

　複雑に考えがちな人がコーチングのテクニックを使おうとしたら、相手は余計に混乱するかもしれない。

　もちろんPART 2、PART 3は興味のあるスキルに狙いを定め、そこだけ拾い読みしてもかまわない。

　しかし、可能ならコンセプチュアルから読んで実践していってもらいたい。どんどん時代は複雑で、不確実で、曖昧性の高い時代になっていくのだから。

　このコンセプチュアルがあなたの頭を整理し、日頃のモヤモヤを解消し、イライラをゼロにしてくれることだろう。

トップコンサルタントが
日々実践している

「コンセプチュアル スキル」勉強法

01 仮説思考を習得する

仮説立案力・仮説検証力を鍛える 2つのループと3つの基本サイクル

※ポータブルスキル【仕事のし方：課題の設定方法】に対応

コンサルタントに絶対不可欠な「仮説思考」

コンサルタントの実力は「立てる仮説の精度」で推し量ることができる。精度が高い、切れ味の鋭い仮説を常人では考えられないほどのスピードで思いつくことができる。そんなコンサルタントが、俗に言う「トップコンサルタント」である。

コンサルタントの武器である「仮説思考」だが、その知識とスキルは誰でも普段の仕事や生活の中で十分に鍛え、学ぶことができる。それではどのようにすれば仮説思考を鍛えることができるのか？

仮説思考はビジネスパーソンにとって最も重要なコンセプチュアルスキルでもある。ここでしっかりと学び、必ず身に付けておくようにしよう。

「仮説思考」を身に付ける2つの思考グセ

それでは、まずは「仮説とは何か？」「『仮説思考』とは何を指すのか？」について解説していく。

「仮説」とは、まだ証明していないが現時点において最も答えに近いと思われる答えのことだ。「アタリ」のようなものと受け止めてもらえたらいい。

では、「仮説思考」とは何なのか？

仮説思考とは、物事を答え（正確には「答え」とも違うが）から考えること。課題を分析して答えを出すのではなく、まず答えを出し、それを分析して証明する思考法である。

この仮説思考を身に付けるには、日頃から仮説検証するクセをつけておくことが必要になってくる。具体的には、

（1）仮説を立てる
（2）立てた仮説を検証する

この2つを組み合わせ日々実践し学んでいくことで「仮説思考」が手に入る。たとえば上司から、

「仕事の効率を上げてほしい。どうしたらいいと思う？」

と質問されたとしよう。もちろん「唯一無二の正解」はない。だから、ここで仮説を立てる力が必要なのだ。単にヒラメキで、

「効率をアップできるよう、もっとスキルアップします！」

と発言したら、当然「その根拠は？」と上司に尋ねられるだろう。その答えを、

「いや、何となく……。違いますか？」

と言ってしまうようなら仮説思考ができていない。「仕事の効率を上げるにはスキルアップが必要だ」という仮説を立てるまではよかった。しかし、その仮説を検証せずに発言してしまっ

ているからだ。

　検証なき仮説は、単なるヒラメキである。その証拠に「違いますか？」と上司に尋ねている。頭の中で仮説検証のシミュレーションをせず、検証を相手に委ねてしまったのだ。

頭の回転が速い人の３つの基本サイクル

　仮説思考は「点」ではなく「円」で考えよう。なぜ、「あの人は頭の回転が速い」と言うのか？　それは仮説検証のサイクルを頭の中で高速に回すクセがあるからだ。「サイクル」と呼ぶように、ぐるぐる回転するというイメージを持つのだ。具体的には次のイメージである。

(1) 仮説を立てる
(2) 立てた仮説を検証する
(3) 仮説が正しいっぽくなるまで (1) へ戻る

　どのように仮説を立て、どのように検証するのか。その方法は後述するので、いったんはこの回転イメージを持とう。(1)だけで仕事をしている人は、

「もっと考えて発言しろ」

「ただやみくもに行動しても意味がない」

　と指摘されるタイプだ。「点」で考えているので、頭が回転していない。そもそも「思考停止」になっている人は (1) さえもやらなくなっていく。

「考えてもわかりません」

「どうすべきか、課長が教えてくださいよ」

　と、自分で考えずに質問をしたり、検索するようになる。とくにネット社会になり「仮説なき検索」をする人は極端に増えた。このようなクセを身に付けると、どんどんと考える力が衰えていくから注意が必要だ。

「仮説検証サイクル」6つの手順

　もちろん仮説が正しいかどうかは、実践してみなければわからない（実践したとしてもわからないことも多い）。頭で仮説検証サイクルを回し、シミュレーションすることは大事だが、それだけでは、仮説の精度はアップしない。したがって、実践＆検証を加えた、

（1）仮説を立てる

（2）立てた仮説を検証する

（3）仮説が正しいっぽくなるまで（1）へ戻る

（4）仮説のとおり実践する

（5）実践結果をもとに仮説を検証する

（6）仮説が正しいっぽくなるまで（1）へ戻る

　この6つが基本手順となる。先述した「仕事の効率化」で言えば、以下のとおりになる。

(1) 仮説を立てる ➡「スキルアップすればいい」

(2) 立てた仮説を検証する ➡「スキルが必要ない作業も多い」

(3) 仮説が正しいっぽくなるまで（1）へ戻る ➡「正しくないっぽい」

(1') 仮説を立てる ➡「正しい準備をする」

(2') 立てた仮説を検証する ➡「たしかに準備を疎かにしている」

(3') 仮説が正しいっぽくなるまで（1）へ戻る ➡「正しいっぽい」

(4) 仮説のとおり実践する ➡「正しい準備で仕事をしてみた」

(5) 実践結果をもとに仮説を検証する ➡「意外と1割しか改善してない」

(6) 仮説が正しいっぽくなるまで（1）へ戻る ➡「正しくないっぽい」

　まずは（1）から（3）をシミュレーションし、実践を含めて仮説検証する。だから2重、3重の円を描いて回転させることになる。実行力も大事だ。**頭の回転が速く、実行力も高い人は、短期間で「答えに近い仮説」を手に入れることができる。**

　また、経験が豊かであれば、過去の実践経験を思い返して、**「この仮説Aがいいはずだ。いや、そんなことはないか。3年前にそれをやって失敗した。だったら、やはり仮説Bのほうがいいか。失敗することもあるが、複数の書籍にも書いてあったし、昔の上司もこれでうまくいった。やはり仮説Bでいこう」**

　このように頭の中だけでも精度の高い仮説検証サイクルを回すことができる。ベテランが、

「やらなくてもわかる。この仮説はダメだ」

とすぐさま結論を出せるのは、仮説検証サイクルを回してきた歴史があるからだ。

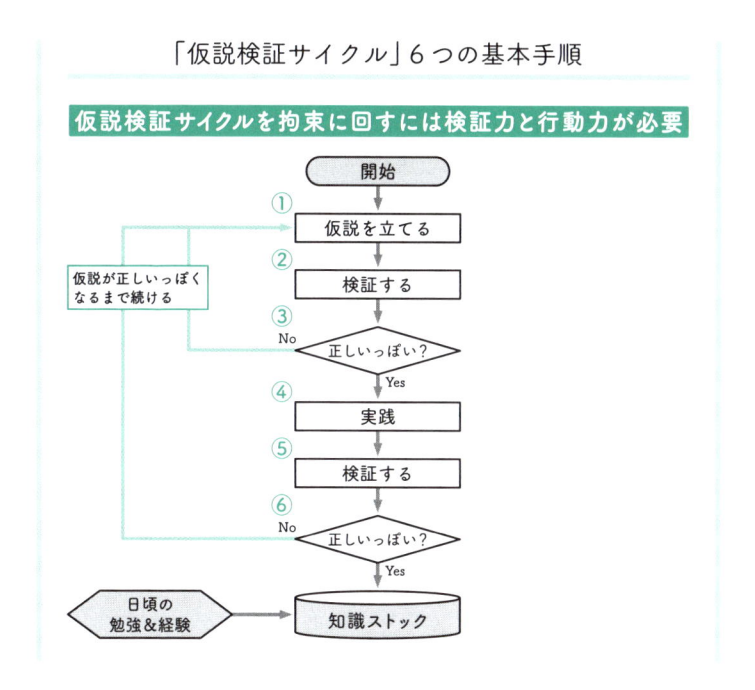

「仮説検証サイクル」6つの基本手順

仮説検証サイクルを拘束に回すには検証力と行動力が必要

開始

① 仮説を立てる

② 検証する

仮説が正しいっぽくなるまで続ける

③ 正しいっぽい？ No

④ 実践 Yes

⑤ 検証する

⑥ 正しいっぽい？ No

Yes

日頃の勉強&経験 → 知識ストック

「知識×情報」の組み合わせで仮説の精度をアップする

それではどのように仮説を立て、検証をするのか？　具体的に解説していこう。

まず、最初に立てた仮説があまりに当てずっぽうすぎると無限ループにはまっていく。「考える」ことができず、「悩む」ばかりの人は最初に立てた仮説の精度が低すぎたり、検証するときの質が悪すぎるからだ。それでは、

（1）仮説を立てる
（2）立てた仮説を検証する

　この２つの質を上げるにはどうしたらいいのか？　質の高い「知識×情報」を組み合わせればいい。

　知識は「レシピ」と情報は「食材」と考えよう。正しい知識（レシピ）で、情報（食材）を調理すれば、美味しい料理ができる。知識はそれほど多く持つ必要はない。ここでは仮説を立てるためだけを集めれば十分。

「『仕事の効率アップ』をするためにはどうしたらいいのか？」を考えるのであれば、まずは世の中にはどんな効率アップのノウハウがあるかざっと集めよう。昔と異なり、この収集は驚くほど速くできる。ChatGPTなどの対話型生成AIに質問してもいい。常識的なノウハウならすぐ手に入る。

　そして、調べた結果をざっと並べてみよう。

・事前準備を徹底する／・やらないことを決める／・時間をブロック化する／・仕事を自動化する、任せる／・「ToDoリスト」などを活用してタスク管理する／・デスク周りを整理する／・リフレッシュタイムを設ける

　このような「仕事の効率化」の一般的なノウハウや知識が手に入ったら、そこでいったん仮説を立ててみる。

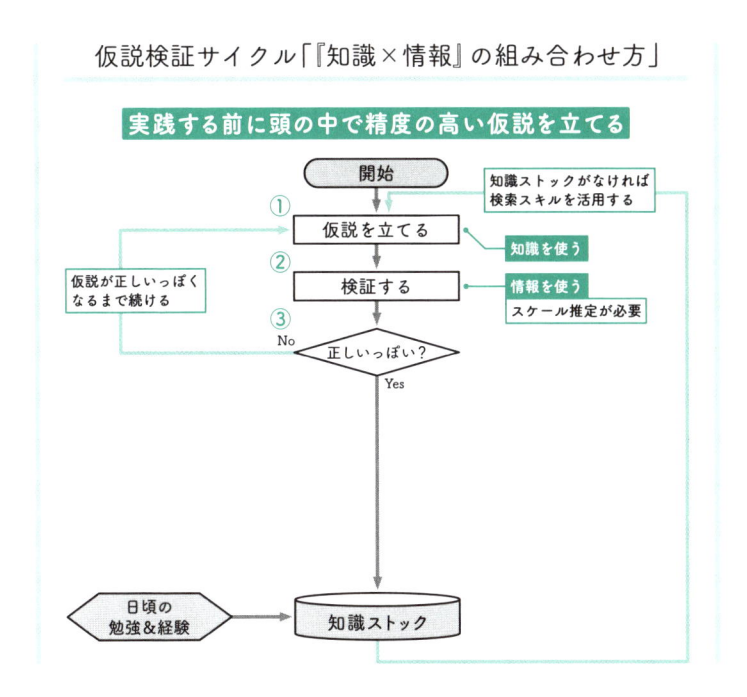

仮説検証サイクル「『知識×情報』の組み合わせ方」

なぜ「やみくもに行動しても意味がない」のか？

仮説を立てるときは、必ず「複数の選択肢から絞り込む」というプロセスを意識する。「発散と収束」「拡げてみたり、狭めてみたり」を頭に描きながらやってみるのだ。いきなり当てにいかない（1つに絞り込まない）。

感覚的でもいいので、「自分の場合は3つ」と、仮決めする。

- やらないことを決める
- 時間をブロック化する

・仕事を自動化する、任せる

　ここからさらに1つに絞り込むわけだが、このときに「情報」を使う。知識と情報が組み合わさることによって「動かぬ証拠」を見つけることができる。

　たとえば1か月間、業務の棚卸しをし、仮説どおりに実践することでどれぐらい時間が削減されるか「スケール推定」をして下記の予測をしたとする（スケール推定の学び方は82ページ参照）。

・やらないことを決める　　➡ 8時間の削減
・時間をブロック化する　　➡ 16時間の削減
・仕事を自動化する、任せる ➡ 4時間の削減

　もしも感覚的に「仕事を自動化する／任せる」が最も効果が高い対策と考えていた人にとっては、意外な予測結果になったと驚くはずだ。もし納得がいかないと思ったのなら、実際にやってみればいい。3つの仮説に従って実践してみたとしよう。

・やらないことを決める　　➡ 6.4時間の削減
・時間をブロック化する　　➡ 12.6時間の削減
・仕事を自動化する、任せる ➡ 7時間の削減

　という結果になったのなら「やはり仮説は間違っていなかった」ということになる。反対に、

- やらないことを決める　➡ 11時間の削減
- 時間をブロック化する　➡ 4.3時間の削減
- 仕事を自動化する、任せる ➡ 14時間の削減

　となったら、仮説の立て方に問題があったと捉えよう。この一連の流れを「試行錯誤」と呼ぶ。精度の高い仮説を立て、質のよい検証を続ければ、試行錯誤するストレスはそれほど大きくはならないはずだ。

「ただやみくもに行動しても意味がない」と言われる人は、実践前の仮説検証をしっかりやるようにしよう。

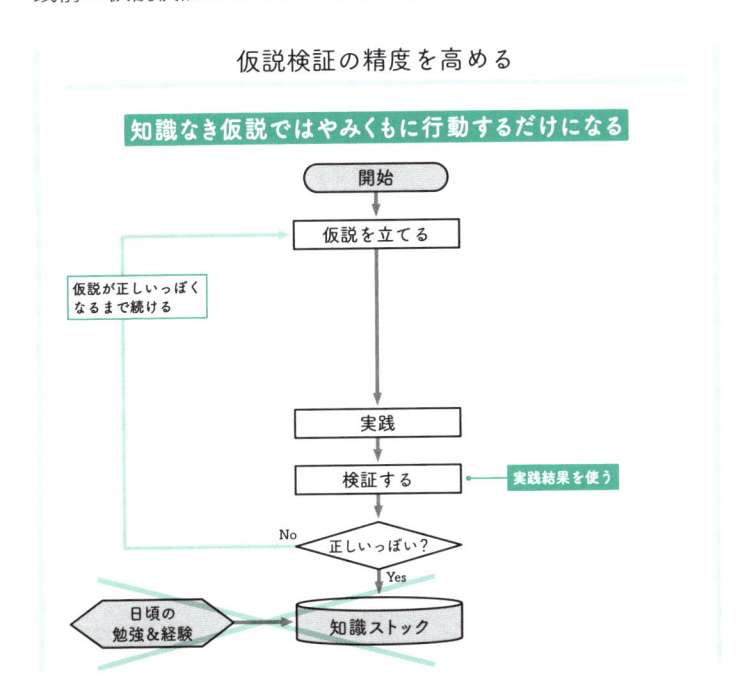

仮説検証の精度を高める

👍 「仮説思考」を身に付けるための私の学習法

　最後に、私が「仮説思考」を身に付けるために日頃の業務で意識していることを紹介する。

　私が仮説思考を強く意識するのは、会議に参加する前だ。

　社内の会議、お客様との打ち合わせ、どちらでも同じだ。「仮説なき会議参加」は絶対にしない。

　したがって、「その会議になぜ私が参加すべきなのか」「会議の終了後にどんな結果になっていればいいのか」を会議に参加する前にしっかりと頭を働かせる。

　もし仮説を立てるための情報が足りていないのなら、会議を依頼された時点で相手に確認する。

「企画会議に参加するのはいいですが、私が参加する目的は何ですか？　会議のあと、どんな結果になることが望ましいですか？」

　このような質問をすることで、仮説を立てる上での情報をもらえることが多い。

「私たちの企画に対する助言をもらいたい。会議のあとは、企画がよりいいものになっていれば嬉しいです」

　こう言われたら、事前に企画をもらっておく。そして、自分なりに「どうすればこの企画がより良いものになるのか」という仮説を立て、頭の中で検証し、もし情報が足りなければさらに質問した上で会議に臨む。

　このように会議の前に仮説検証をしておくと、意外と会議に出なくてもよくなることが多い。担当者と連絡を取り合ってい

るうちに、「問題が解決しました」「改善点が見つかりました」と言われるからだ。会議をする前に解決するのだから、とても効率がいい。

👍 ワンポイントアドバイス！

　まだ慣れないときは、一人でいるときに仮説検証しよう。 そのほうが自分のペースで仮説を立て、検証できるからだ。会議中や打ち合わせ中だと、自分のペースで考えをめぐらすことが難しい。イフゼン分岐の流れを頭の中でイメージしながら仮説を立て、検証できない。

　だから習慣化するまでは、自分一人の環境を作ってやることだ。難しい場合は、

「ちょっと考えてくる」

「明日まで時間がほしい」

　と言ってその場から離れることだ。

　そうしないと「仮説なきアイデア」や「検証なき仮説」を出してしまうことになる。

02 論理思考力を習得する

3つの「ロジックツリー」を学んで 問題解決力を劇的にアップする

※ポータブルスキル【仕事のし方：課題の設定方法】に対応

コンサルタント最大の武器「ロジックツリー」

　コンサルタントの最大のスキルは「論理思考力（ロジカルシンキング）」である。「免許証」のようなものだ。このスキルがないと、クライアントが抱える問題を整理できない。原因も特定できないし、説得力のある課題も設定できない。

　そしてロジカルシンキングするときに不可欠なのが「ロジックツリー」である。私は仕事で20年近くホワイトボードに「ロジックツリー」を描きながら、このスキルを磨いてきた。ロジックツリーを使い論理的思考ができるようになれば、ポータブルスキル「課題の設定方法」が格段にうまくなる。

　そこで今回は、ロジカルシンキングを身に付けるために不可欠なフレームワーク「ロジックツリー」について学んでいく。

「ロジックツリー」はこの3種類だけ覚える！

　そもそも「ロジックツリー」とは何か？　あるテーマ（木の幹）を分解することで、構成する要素が枝や葉のように広がる

ため「ロジックツリー」という名称が付いた。問題や原因の場所を整理し、明らかにすることに使われる。

ポイントは「要素分解」である。

問題のテーマを要素分解していくため「ロジックツリー」を使って議論すると、そのテーマとは関係のない議論にはなりづらい。あさっての方向へ話が広がらないので、生産性の高いディスカッションができる。

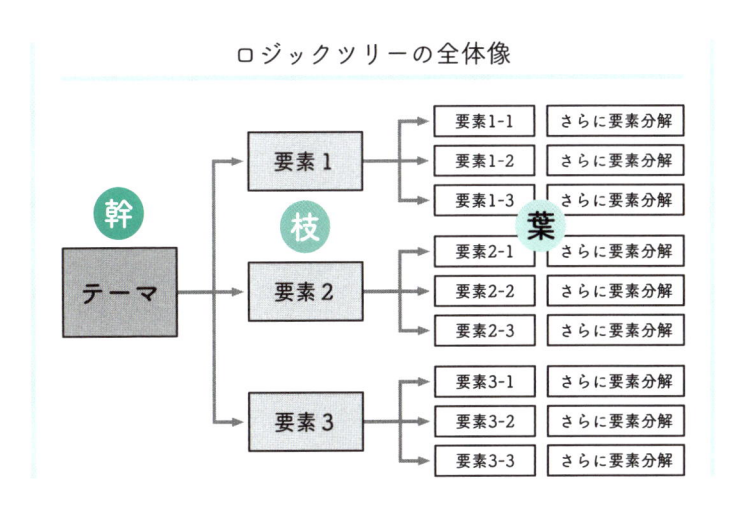

ロジックツリーの全体像

さて、ひとえに「ロジックツリー」と言っても、いろいろなツリーがある。だが、だいたい次の3つを覚えれば十分だ。

それぞれのツリーの目的は以下のとおり。

- What ツリー：問題を特定するためのツリー
- Why ツリー：原因を追究するためのツリー
- How ツリー：解決策を見つけるためのツリー

基本を押さえてしまえば、3つとも使いこなせるので、まずは「Whatツリー」をマスターしよう。問題を特定するのに役立つロジックツリーである。

Whatツリーで「問題」を特定する方法

　事例を使って具体的にツリーを描いてみよう。
　ホワイトボードを用意したら、全体を大きく使って左から右に広がる木（ツリー）を描いてみる。長方形の箱を描き、中に文字を入れて前ページの図のような「ロジックツリー」を作るのだ。
　だいたい3〜4階層ぐらいになることを想定するのがいいだろう。そして、一番左に、現在問題となっているテーマを書く。
　たとえば、

- ケーキ屋の売上が上がらない

　という問題を取り上げてみよう。ロジックツリーを使わず、いきなり原因や解決策だけを考え始めてしまうと、

- 近くにできたコンビニの影響が大きい
- 値上げの影響が出た
- 最近の人はケーキを食べなくなった

　といった、感覚的なヒラメキで議論が進むことになる。この

ような文章をホワイトボードに書き連ねても、いっこうに問題は整理されない。

だから、まずはテーマに沿って要素分解していく。

・「ケーキ屋の売上」はどんな要素で構成されているのか？

と、まずは「切り口」のアイデアを発散させる。どんな「切り口」を選ぶかによって議論の中身はまるで変わってくるからだ。パッと思いつく「切り口」を書き出してみる。

・メニューごとの売上
・曜日ごとの売上
・季節ごとの売上
・お客様属性ごとの売上

このようにメニューごとに分けたら、どのケーキ、どの焼き菓子、どのギフトが売上に貢献できていないかがわかるだろう。曜日ごとで分解したら、何曜日の売上がイマイチなのかの判断もつく。季節や商業イベント（クリスマスやバレンタイン、子どもの日など）でどうなのかも気になる切り口だ。このあたりは直感で決めてもいい。

「お客様属性ごとに売上をチェックしたい。まだ分析したことがない」

という意見があれば、やってみよう。次のようにお客様を分解したとする。そうしたら、それぞれの売上高を数字で記入し

てみよう（※ここでは1か月の売上高が300万円とする）。

- スタンプカードを使っているお客様：100万円
- ポスティングしたチラシを見て来店したお客様：20万円
- SNS経由で来店したお客様：80万円
- その他（通りかかって来店）：100万円

　これだけでは問題がわかりづらい。「SNSを頑張っている割には売上が伸びていない」とか「休憩時間を使って近隣の住宅街をポスティングして回っているがイマイチ数字が伸びていない」という印象を抱くだけだ。そこで、さらに要素分解を進めよう。客単価と人数で分解してみるのだ。

- スタンプカードを使っているお客様（100万円＝1,000円×1,000人）
- ポスティングしたチラシを見て来店したお客様（20万円＝2,000円×100人）
- SNS経由で来店したお客様（80万円＝500円×1,600人）
- その他（通りかかって来店）（100万円＝500円×2,000人）

　このように分解するだけで、一気に視界が開けるはずだ。SNS経由で来店したお客様は実のところ非常に多かった。ただし、客単価がとても低かったのだ。通りかかりで来店したお客様と同じレベルなのである。
　いっぽう、意外にもポスティングチラシを見て来店したお客

様の客単価はとても高いことがわかる。スタンプカードを利用しているリピーターの2倍もあるのだ。

このように、「これはおかしい」「普通ではない」と思える箇所を発見できたら、大きな収穫だ。今回は「お客様の属性」のみで分解したが、もちろんその他の切り口でも試していこう。

こうやってホワイトボード全体を使いながら、横向きの「木」をイメージしつつ枝葉を広げていくのである。

Whatツリーを使った分析例

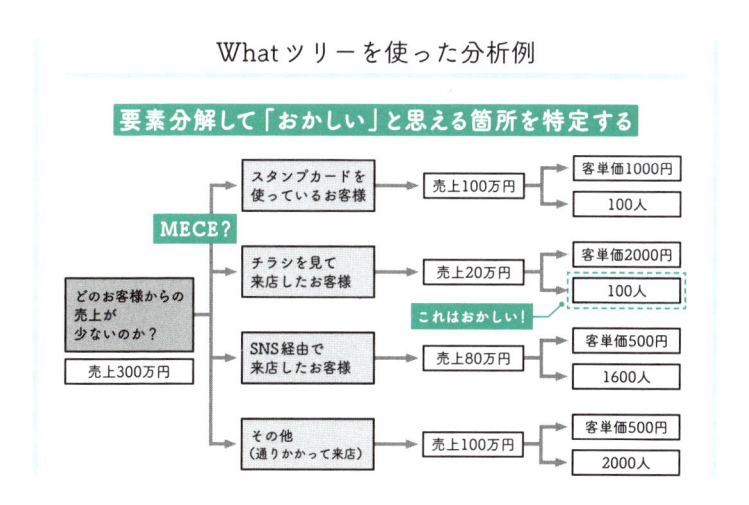

Whyツリーでは「なぜなぜ分析」をやらない

問題の箇所を見つけたら、それで解決できるだろうか。今回のケースで言えば、

- ポスティングしたチラシを見て来店したお客様を増やす
- SNS経由で来店したお客様の客単価をアップする

というものだ。しかし、なぜチラシ経由の来店が少ないのか。SNS経由のお客様は客単価が低いのか。その原因がわからないと対策はとりづらい。だから次は「Whyツリー」を使って分解していく。テーマは、「**なぜチラシ経由のお客様は少ないのか？**」である。たとえば、ポスティングしたお客様の属性で分解してみる（※全体は100人である）。

- **賃貸アパートのお客様（5人）**
- **分譲マンションのお客様（35人）**
- **一戸建てのお客様（12人）**
- **その他（図書館や公民館など）（48人）**

　これだけで、かなり意外なことに気づくはずだ。なんと図書館や公民館に置かれているチラシを見て来店しているお客様がかなり多かったのである。
　しかし、これだけでは分解が甘いため、さらに掘り下げてみる。どれぐらいポスティングしたのか、その総量である（※ポスティングしたチラシの総数は1,000枚である）。

- **賃貸アパートのお客様（600枚 ➡ 5人）**
- **分譲マンションのお客様（200枚 ➡ 35人）**
- **一戸建てのお客様（180枚 ➡ 12人）**
- **その他（図書館や公民館など）（20枚 ➡ 48人）**

これだけで、大きな気付きがあるはずだ。さらにわかりやすくするためにコンバージョン率も表記してみる。

- 賃貸アパートのお客様（600枚 ➡ 5 人）【0.83％】
- 分譲マンションのお客様（200枚 ➡ 35人）【17.5％】
- 一戸建てのお客様（180枚 ➡ 12人）【6.67％】
- その他（図書館や公民館など）（20枚 ➡ 48人）【240％】

なんと、図書館や公民館などで配布したチラシを見て来店しているお客様が非常に多いことがわかる。図書館や公民館でチラシを見る人は、2 ～ 3 人に声をかける傾向があるということだろう。また、賃貸よりも持ち家に住んでいるお客様のほうが来店率がかなり高いこともわかる。ここまで分解すれば、実際にポスティングしたスタッフに聞けばいい。すると、

「はやく仕事が終わるので、賃貸アパートを重点的にポスティングしました」

「一戸建ての家にポスティングするのは効率が悪いから」

という答えが返ってきた。つまり、ポスティング経由で来店するお客様が少ない原因は、ポスティングを戦略的に実施していなかったことだ。同じように、

- なぜSNS経由のお客様の客単価は低いのか？

を「Whyツリー」で分解してもいいだろう。意外な原因がわかるかもしれない。

このように**Whyツリーを使うことで、効果的に掘り下げること**ができるのだ。

　ちなみに、よく聞く「『なぜ』を5回繰り返す」といった「なぜなぜ分析」をしようとしても原因分析することは難しい。ロジックツリーが頭にないため、当てずっぽうでアイデアを出し続けるだけになるからだ。

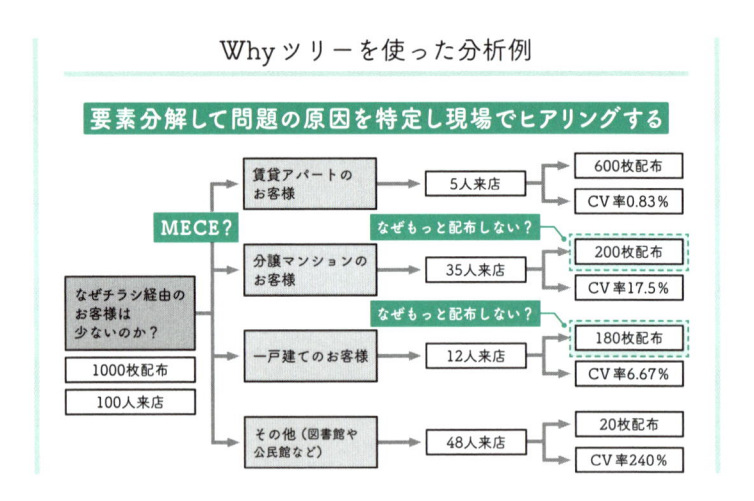

Whyツリーを使った分析例

Howツリーで驚くような解決策を導き出す！

　それでは、いよいよ解決策である。多くの人がこの解決策（How）に興味があるだろう。今回は、

- ポスティングを戦略的に実施する

をテーマにして要素分解してみよう。

「もっと戦略的にポスティングするように！」と指示しても、具体的にどうしたらいいかわからない。だから解決策を具体化するために「Howツリー」を使うのだ。

「ポスティングする人」という切り口で考えてみよう。

下記のような意見が出たため、それぞれの「メリット／デメリット」などを分析してみる。

- 店長 ➡ コストがかからない／店長の仕事ができなくなる
- 正社員のスタッフ ➡ 頼みやすい／店の業務が滞る
- アルバイトのスタッフ ➡ 頼みやすい／店の業務が滞る
- 地元のスキマバイト ➡ 探しやすい／バイト代がかかる
- シルバー人材センターへ依頼 ➡ 感謝される／料金がかかる

解決策を見つけるときも、できる限り「MECE（モレなくダブリなく）」を意識しよう。網羅的に考えないと、最も効果的なアイデアが見つからない（詳細はP58参照）。

調べてみたところ、シルバー人材センターに頼むことが最も効果的だった。料金はかかるが、仕事を探している高齢者を喜ばせることに繋がるとわかったからだ。徒歩や自転車で近隣の住宅街を回ってポスティングするのは健康的だ。顔の広い高齢者が「私がチラシを持って友だちを誘うよ」「息子夫婦にも宣伝する」と言ってくれた。

問題を特定せず、原因も考えずに対策を考えようとすると、前出したような、

- 近くにできたコンビニの影響が大きい
- 値上げの影響が出た
- 最近の人はケーキを食べなくなった

　といった愚痴や直感に頼ったアイデアしか出てこないものだ。シルバー人材センターに頼むといった、意外なアイデアが生まれるのは「ロジックツリー」を使って整理した結果なのである。

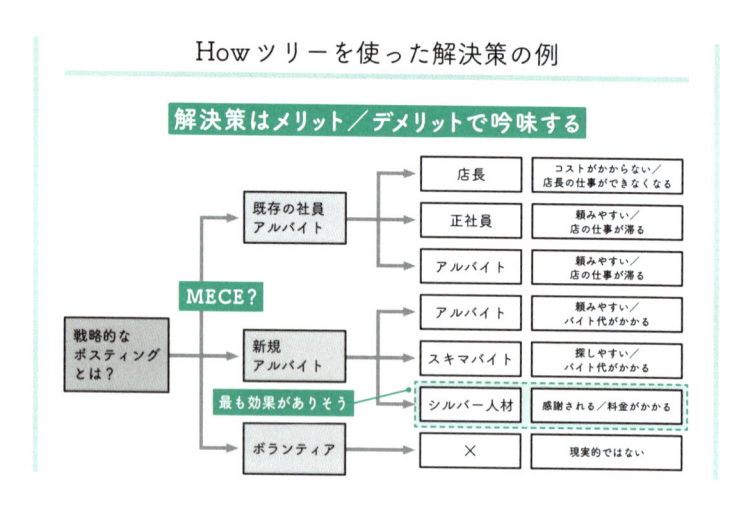

Howツリーを使った解決策の例

「ロジックツリー」を身に付けるための私の学習法

　最後に、私が「ロジックツリー」を使った事例を紹介する。**私はよくプロジェクトがうまく進まないときに、このツールを活用する。**プロジェクトの中にいると、どこに問題があり、何が原因で、どうすればいいかがわからなくなるときが多いからだ。そういうときは、一人でもいいからホワイトボードに向

き合い、3種類のツリーを書きながら頭を整理する。そしてもう一度「課題設定」からやり直すのだ。面白いことに、「意外な課題」が見つかることが多い。

　以前、あるプロジェクトが頓挫しそうになったときがあり、ホワイトボードを使って「ロジックツリー」を描いてみた。すると、信じられないことがわかった。

　プロジェクトがなかなか前に進まない原因は、社長である「私がメンバーにいること」だったのだ。私がメンバーから外れることで、そのプロジェクトは一気に前へ進むことになった。

ワンポイントアドバイス!

　ロジックツリーを使いこなす上で日頃から意識すべきことは、「手描きメモ」である。

　A4の紙でも、小さなメモ用紙でもかまわない。ボールペンなどでロジックツリーの図を描くクセをつけよう。

　描き慣れることで紙全体をどのように使えばいいか、自然とわかるようになっていく。ボックスの大きさ、文字の長さの配分が予測できるのだ。

　パソコンやスマホのアプリを使って描くのはお勧めできない。制限がないのでロジックツリーが大きくなりすぎることが多いからだ。全体の「木」を眺めて頭の整理ができることがロジックツリーの利点だ。

　日頃から「手描きメモ」で慣れておこう。

03 網羅的に考える力を習得する

「MECE」を意識できる
５種類の切り口を習得する

※ポータブルスキル【仕事のし方：実際の課題遂行】に対応

なぜコンサルタントは「抜け目がない」のか？

「あの人は抜け目がない」

「いつも抜かりない準備をしてくる」

　と言われる人がいる。コンサルタント業界では、このようなパーフェクトな人が多い。実際に「あの人は抜けてる」と思われていたら、コンサルタントは務まらないものだ。

　とくに「抜け目がない」ようにすべきは、調査や分析するときだ。ある社長に、

「わが社の商品は、もう限界だ。５年前に比べて売上が30％ダウンしている」

　と言われても、

「限界だなんてとんでもない。それは、これまで得意としていた建設業界での話でしょう。物流業界や繊維業界では少しずつ売上を伸ばしています。また建設業界でも東南アジアであればまだまだマーケットはあります」

　と言い返すことができる。「もう先が見えない」「可能性がゼロだ」と言う人ほどMECEで考える力が弱い。コンセプチュア

ルスキルを身に付ける上での基本中のキホン「MECE（ミーシー）」について徹底解説し、その身に付け方を学んでいこう。

MECEの基本「モレ」と「ダブリ」とは？

前節「論理思考力を習得する」にも出てきたが、MECEとは、「モレなくダブりなく」という意味だ。MECEの頭文字は以下のとおり。

- Mutually（お互いに）
- Exclusive（重複せず）
- Collectively（全体に）
- Exhaustive（モレがない）

全体を客観視せず、思い込みが強いと「抜けてる」思考から抜け出せない。それではどうしたらMECEを使い、「抜けてる」状態から抜け出せるのか？

ここからは「残業削減」「仕事の効率化」を実現しながらMECEを手に入れるコツについて学んでいく。

ちなみに、意外にもMECEで考えるためのコツを紹介した本、ブログ記事は少ない。「MECEとは何か？」や「MECEで考える重要性」は書かれてあるにもかかわらず。そこで今回は20年近いコンサルティング経験から、事例を使いながらわかりやすく解説したいと思う。

それでは、問題解決の議論をしているシチュエーションでた

とえてみよう。

　なかなか残業が減らない部署があったとする。「残業削減」「仕事の効率化」が課題の部署だ。この場合、いきなり解決策を考えてはならない。ヒラメキに頼った仮説をいきなり出すのではなく、どんな業務に、どれぐらいの時間を費やしているのか、ロジックツリーなどを使って分析することが必須だ。このときに必要なのがMECEの概念である。

　たとえば「労働時間」を次のように要素分解したとしよう。

- 営業（活動）
- 移動
- 社内作業
- その他

　この４つの業務時間の合計値と総労働時間が合っていたら「モレなし」だ。しかし、足りない場合は何かがモレていることになる。社内で議論してみると「倉庫での作業」がモレていたことがわかった。このように**数字を使うと簡単に「モレ」が見つかる**。さらに要素分解して、「営業活動」を、

- 商談
- 準備

　の２つに分解した。営業時間のすべてがこの２つで構成されている、というわけだ。「社内作業」も分解してみる。

- 見積資料作成
- メール処理
- 会議など
- その他

この4つが「社内作業」のすべてだとしよう。ただ、「営業」の「準備」の中に同じく「見積資料作成」の作業も含まれていたら、これは「ダブリ」。要素分解が甘いと「ダブリ」が見つからないので要注意だ。

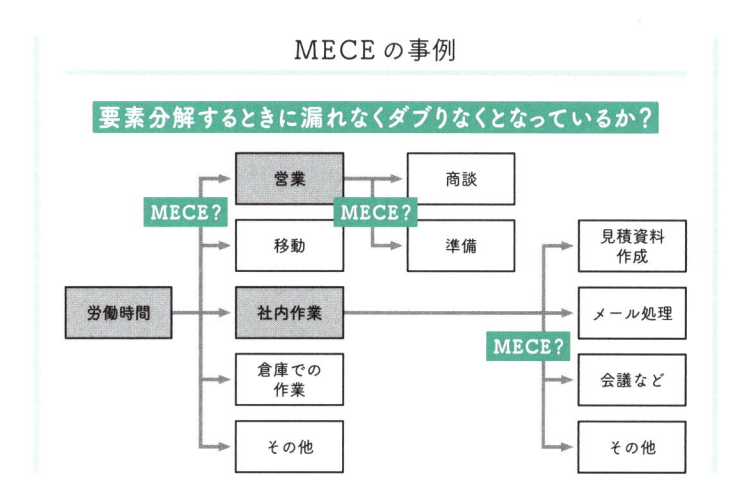

MECE の事例

要素分解するときに漏れなくダブりなくとなっているか？

MECEが意識できる5種類のパターン

それでは、どのようにすれば「モレなくダブりなく」のMECEが学べ、それを手に入れることができるのか。コツはこれから紹介する5種類のパターンを覚えて活用することだ。この5種

類を頭に入れ、考える「切り口」にしよう。そうすることで全体を客観視できて、抜け漏れを大幅に減らすことができる。

　引き続き「残業削減」「仕事効率化」のテーマで要素分解していきたい。どの業務に時間がかかっているのか？　どの作業がネックなのか？　この５つの「切り口」で分解してみる。

（1）二項対立　──最もカンタンな切り口

　最初に紹介するのが、二項対立だ。「切り口」に迷ったら、まずはコレで考えてみる。対義語を使って分解してみるのだ。

　作業時間を分けるなら、

・社内⇔社外

　だとわかりやすい。社内の作業と社外の作業で分解すると、モレもダブりもない。商談を２つに分けるなら、

・リアル商談⇔オンライン商談

　こういったパターンも考えられる。もちろん意味のない分解をしても仕方がないが、二項対立は最もわかりやすい分解の「切り口」である。２つに分けるだけだから必ずMECEとなる。「残業が多いのはオンラインの商談が少なくて、リアル商談ばかりやっているからではないか？　一度商談を２つに分解してみるか」と、軽い気持ちで分解できる。

　また、「〇〇」と「〇〇以外」という分け方も有効だ。

• 営業活動⇔営業活動以外／研修⇔研修以外の自己研鑽

　このように分けることで、新たな発見をすることがある。

　ただし、安易に2つに分ければいいというものではない。二項対立になっていないケースをいくつか紹介しよう。

　資料作成の時間を分解しようとして、以下のように分けるとMECEにならない可能性が高い。

• 見積資料の作成⇔提案資料の作成

　作成する資料は、見積資料と提案資料の2種類とは限らないからだ。

• 関東への出張⇔関西への出張

　この分け方もMECEになっていない。関東と関西以外の出張も考えられるからだ。「二項対立」にするには、反対や対立の関係にあるような言葉を探すことだ。

　その他、「二項対立」で使えそうな例を紹介しよう。
〈例〉
質⇔量／確率⇔回数／基礎⇔応用／若手⇔ベテラン／新規顧客⇔既存顧客／本社⇔支社／都市部⇔地方／都度⇔常時／営業⇔お客様／収入⇔支出　など

（2）レベル ── 言語化しづらいときの切り口

　2つ目が「レベル」「段階」という「切り口」で分解するやり方だ。たとえば10人のエンジニアがいたら、技術力の5段階レベルで分解してみればいい。レベル分けだから、当然 MECE になる。モレもダブリもあり得ない。

「残業削減」「仕事の効率化」のテーマで考えたら、効率化できる余地をレベル分けしてみればいい。

〈例〉

- 高……移動／会議／メール処理
- 中……資料作成／商談準備
- 低……商談／倉庫での作業　など

　物事を検討する際、いったんすべてを検討することが重要だ。「効率化できるのは、移動とか資料作成にかかる時間だけだろう」などと部分にだけ注目させないためにも、MECE で考えることは非常に意味がある。

　その他、「レベル」で使えそうな例を紹介しよう。

〈例〉

- ○、△、×（お客様の反応、商談の確度）
- 強、中、弱（お客様の課題感）
- 短期、中期、長期（成果が出るまでの期間）
- 晴、曇、雨（成果のレベル）　など

（3）プロセス ── 最もわかりやすい切り口

　3つ目が「プロセス」という「切り口」で分解するやり方だ。

たとえば資料作成の時間に手間取っているとしよう。資料作成プロセスを「モレなくダブりなく」書き出してみるのだ。

- 資料のテーマを確認する
- 資料の全体構成を考える
- テーマに沿った資料のフォーマットを探す
- テーマに必要な情報を収集する
- 上司のアドバイスに従って手直しをする

このように全プロセスを眺めれば、どこに問題があるのか特定しやすいだろう。

「資料作成に手間取っている」ではなく、「情報収集に時間がかかっている」「全体構成を考えずに、いきなり資料を作り始めている。そこが問題だった」のように細かく問題の箇所を特定できるようになる。MECE思考で考えているからこそだ。

その他、「プロセス」「手順」で使えそうな例を紹介しよう。

〈例〉
- 営業プロセス／集客プロセス
- PDCA（Plan、Do、Check、Action）
- プロジェクトマネジメント（PMBOK）
- 問題解決手順（Where、Why、How）　など

（4）分類　——要素分解に必須の切り口

4つ目に紹介するのが「分類」という「切り口」。「分類」がわかりづらい人は「種類」と言い換えてもいい。これもプロセ

スと同様、わかりやすいのではないか。**「プロセス」は直列的で、「分類」は並列的と覚えればいい。**

　今回のテーマである「残業削減」「仕事の効率化」で考えるなら、まずはこの「切り口」から考えるのが最も近道だ。

　業務の分類（種類）をすべて出してみる。出し方としては、自分一人だけでなく、上司や同僚の意見も加味すれば抜け漏れはなくなるだろう。ただし「ダブリ」が発生しやすいので、「大分類／中分類／小分類」などとレイヤーを揃えることが大事だ。たとえば、業務の分類として以下のように書き出したとしよう。

〈業務の分類〉

- 営業活動
- 移動
- 資料作成
- 社内作業
- 倉庫での作業
- その他

　この場合、資料作成の時間は、社内作業の中に含まれるかもしれない。もしそうなら「ダブリ」をなくせない。そこで社内作業にはどんなものが含まれるのか、全部出してみればわかるだろう。

〈社内作業の分類〉

- 資料作成
- 会議
- メール処理

- システム入力作業
- 電話

　さらに資料作成も、どんなものがあるのかを書き出してみればいい。やはり社内作業の中に資料作成の時間も入っていたため「ダブリ」が発見できた。したがって「業務の分類」から資料作成は抜かなければならない。ついでに資料作成の分類も考えてみよう。

〈資料作成の分類〉

- 提案資料の作成
- 見積資料の作成
- 会議資料の作成
- 在庫管理資料の作成
- その他の資料の作成

　このように階層化すれば「ダブリ」をなくすことができる。「大分類／中分類／小分類」ぐらいは常にイメージして分解することをお勧めする。

　その他、「分類」で使えそうな例を紹介しよう。

〈例〉

- 都道府県（北海道、青森県、岩手県、秋田県……）
- 業種（農業、漁業、鉱業、建設業、製造業、情報通信業……）
- 工業材料（プラスチック、天然ゴム、化学繊維、木材……）
- 性格（気さく、気難しい、勉強熱心、自己中心的……）
- WEBマーケティング（SNS、ブログ、オフィシャルサイト）

- コスト（経済的コスト、時間的コスト、精神的コスト）
- 問い合わせ（サイト経由、SNS経由、セミナー経由）
- 紹介（社長、お客様、社員、インフルエンサー）　など

（5）構成・フレームワーク　──MECE王道の切り口

　5つ目が「構成・フレームワーク」という「切り口」だ。MECEを考える上では王道の「切り口」と言えるだろう。

　とくに**「3C」「4P」「5フォース」「バリューチェーン」など、有名なビジネスフレームワークは必ず覚えておいたほうがいい。**

　資料作成でたとえてみよう。「分類」で分けるなら、以下のようになる。

- 提案資料／見積資料／企画資料／会議資料／評価資料……

「プロセス」で分けるなら、以下のようになる。

- テーマ確定／構成の作成／情報の収集／資料の作成／上司のチェック……

　いっぽうで、「構成」で分けるなら、今度は以下のようになるはずだ。

- 表紙／目次／背景／あるべき姿／課題／解決策／工程表／チーム編成……

「残業削減」「仕事の効率化」のテーマで吟味したところ、「分類」「プロセス」では問題が発見できなかったが「構成」の切り口で分解したところ、「チーム編成のページを作るとき、いつも手間取っていることがわかった。社内調整に時間がかかるからだ」のように問題の糸口がわかる、ということもある。「どの視点で分解するのか」は経験を重ねて「切り口」のレパートリーを増やしていこう。

その他、「構成・フレームワーク」で使えそうな例をいくつか紹介しよう。

〈例〉

- 営業の準備（顧客情報、パーソン情報、提案資料、HP、商談履歴チェック）
- 顧客情報（会社名、売上、資本金、業種、代表者名、組織図、事業内容）
- 営業活動（準備、訪問、移動、メール、電話、資料作成）
- 営業外活動（会議、社内イベント、研修、各種プロジェクト）
- 3C分析（市場、競合、自社）
- 5F分析（競合、代替品、新規参入者、買い手、売り手）
- 4P分析（Product：商品、Price：価格、Place：流通、Promotion：販売促進）
- バリューチェーン（支援活動、主活動）　など

以上、5つの切り口を紹介した。これらの切り口はすべて覚える必要はない。自分の使いやすい「切り口」をいくつか覚えて、レパートリーを増やしていこう。私は「二項対立」を中心

に「プロセス」「構成・フレームワーク」をよく活用する。

スキルの習熟度、勉強の理解度、成果の程度など、定性的なものであれば「レベル」もよく使う。

MECEで考えるべきと思い立ったときに、あらためてこのページを参照すればいいだろう。

「MECE」を身に付けるための私の学習法

最後に私の活用事例を紹介する。**私がMECEを強く意識するのは、提案資料を作るときだ。**どんな課題があるのか、網羅的に考える必要があるときに不可欠だからだ。

そこで「切り口」5パターンを使ってMECEで考える。そうすると提案資料を見た人から、

「○○は検討したのか？」

「もっと違う視点で考えられなかったか？」

と指摘されることが少なくなる。それに、たとえ提案がうまくいかなくても、悩んだり、後悔することもなくなる。既にいくつかの「切り口」を使ってまんべんなく検討しつくしているからだ。

買い物で考えたらわかりやすい。私は以前、旅行用のスーツケースを買おうとしたとき、たまたま行ったデパートで見つけて買ったことがある。これは本当に後悔した。なぜなら、

「実際に使ってみたけど、値段の割には満足度が低い」

「もうちょっと、他のスーツケースも検討したほうがよかったかも」

という感想を持ってしまったからだ。

このようなことはビジネスシーンにおいても頻繁に起こる。仮説を立てるとき、ヒラメキに頼らずいったんMECEの思考で網羅的に考えるのだ。

この手間を惜しんでいると仮説の精度が上がっていかないと覚えよう。

🖐 ワンポイントアドバイス！

まだMECEで考えることに慣れないうちは、「ダブり」については、いったん脇に置こう。「ダブり」が多いと無駄が増える。しかし、効率が悪いのはそれほど大きな問題にはならない。

家を建てることでたとえてみよう。同じ柱を余分に使っても（ダブっていても）、無駄であるというだけで深刻な問題にはならない。

しかし、柱がいくつか足りなかったら（モレていたら）、どうだろう？　最初から家を建て直す必要が出てくる。

物事を考えるときもそうだ。「モレ」があると、いったんリセットして考え直さなければならなくなる。

だからこそ、まずは「モレ」がないかどうかに全神経を集中しよう。

04 俯瞰力を習得する

視座を高める「メタ思考」トレーニング、3つのステップ

※ポータブルスキル【仕事のし方：現状の把握】に対応

なぜコンサルタントは「そもそも」が口癖なのか？

コンサルタントは何らかの指示をされたとき（依頼を受けたとき）、「そもそも」「もともと」といった言葉を使い、上位概念を探ろうとするクセがある。たとえばお客様から、

「新規事業を開発したいと思っているので、アイデアをもらえませんか？」

と依頼されたら「もともと、この会社は既存事業に力を入れていたはず。なぜ今になって新規事業を開発したいと言い始めたのか？」と、その目的や真意を探る。また、上司から、

「この業界分析をしておいて」

と指示されたら「そもそも、なぜこの業界の分析をしなくてはいけないのか？」「業界分析する理由は何なのか？ 部長の本音は何だろう？」と推察する。このようなときに発揮されるのが「メタ思考」である。**「メタ思考」があることで、物事を俯瞰的に観ることができる**。ある視点に焦点を合わせすぎて、全体を見失うこともなくなる。

それでは「メタ思考」を身に付ける方法を学んでいこう。

「メタ思考」とは何か？「上から目線」との違いとは？

そもそも「メタ」とは、「超越した」とか「高次の」という意味だ。特徴は以下の2つである。

(1) 客観
(2) 上位概念

「ちょっと上から」だと「上から目線」になる。だから「かなり上から」客観視することをイメージする。かなり上から眺めることで、自分視点も他者視点も手放すことができる。「超越（メタ）する」と言われる所以だ。

「上から目線」とメタ思考の違い

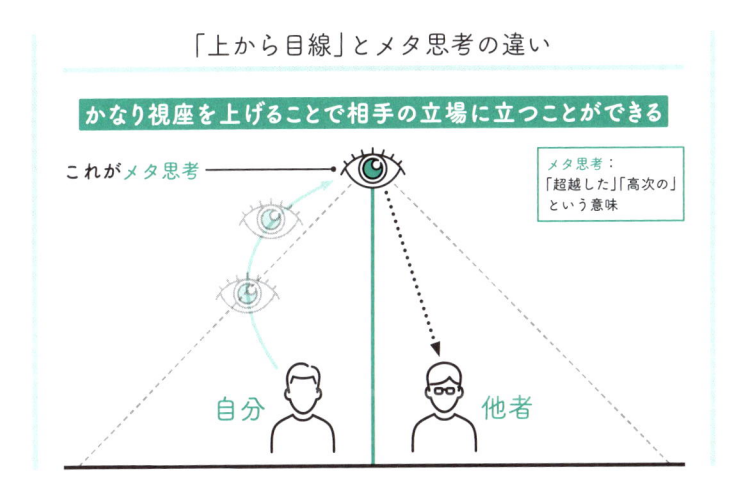

かなり視座を上げることで相手の立場に立つことができる

これがメタ思考

メタ思考：
「超越した」「高次の」
という意味

自分　　他者

なんだか難しい、高尚な思考のように思われるかもしれないが、その逆とも言える。まったく何も知らない人、無邪気な人

でもメタ思考を発揮できる。

　娘の誕生日にどこで外食しようか話し合ったことがあった。私はハンバーグステーキを食べに行こうと提案した。以前、娘がとても気に入っていたからだ。しかし妻は回転ずしを推した。息子はお洒落なカフェへ行ったほうが楽しいだろうと主張した。しかし、娘は誰のアイデアも歓迎しなかった。それどころか昨夜の「残り物のカレー」という意外なものを選んだ。
「外に出かける時間がもったいない。家でみんなと過ごす時間のほうが大事」という理由からだった。私たちが議論していた領域とは「超越した」ところから娘はアイデアを出してきた。

　これがメタ思考である。

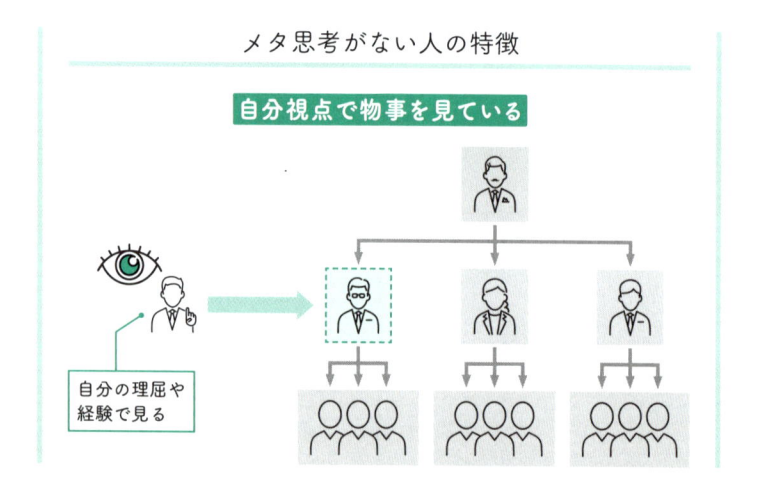

メタ思考トレーニング３つのステップ

メタ思考トレーニングのために必要なステップは次の３つだ。

(1) 超越して見る
(2) 違う立場で考える
(3) 大きな絵を描く

まず、自分の状況から一歩引いて見ることから始めてみよう。たとえば、毎日の生活や仕事をまるで映画を見るように観察するのだ。**自分の行動や決断を、他人の目で見るつもりで考える。**こうすることで普段気付かない習慣や考え方のクセに気付くことができる。

次に、自分とは異なる立場の人の視点で物事を見てみる。**家族や同僚、上司、お客様など、いろいろな人の立場になって考えるクセをつける**のだ。習慣化できれば、１つの問題に対して多角的な見方ができるようになる。

さらに慣れてきたら、**目の前の問題や状況を、より大きな文脈の中で捉える練習をしてみよう。**もし今の仕事に何らかの問題があるなら、組織のビジョンや目標、環境の変化といった大きな流れの中で考えを巡らせてみるのだ。そのためにも大きな紙やホワイトボードを使って絵を描いてみる。そうすれば、視座が高まり「鳥の目」を持てるようになる。

それでは事例を使って具体的に解説していこう。たとえば、その業界について精通しているお客様への提案書作りの場合。

（1）超越して見る

　業界に精通しているため、ついつい過去の事例を思い出し、「過去にこういった提案でうまくいった」「今回も同じように提案すればいいだろう」と決めつけてしまいそうだ。これでは思い込みの激しい提案になってしまう。

　だから自分の過去は忘れ、まったくこの業界について知らない第三者の目で提案を考えるのだ。ポイントは以下のとおりだ。

- 自分の知識や前提をいったんおいて、客観的に見る
- 初心者の目線で内容を吟味する
- 専門用語や業界特有の表現をチェックする

メタ思考「超越して見る」のイメージ

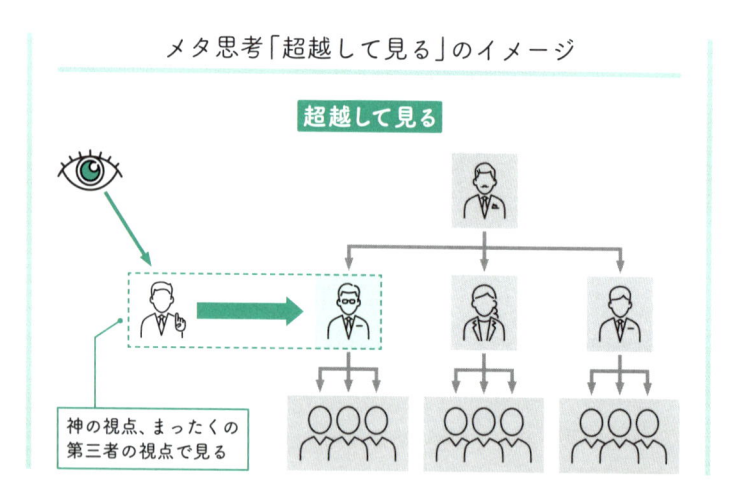

超越して見る

神の視点、まったくの第三者の視点で見る

（2）違う立場で考える

　提案書が完成したら、相手の立場に立って眺めてみよう。「この提案を見てどんな印象を抱くか」や「お客様は本当に気に入

るだろうか」と考えるのだ。実際にあることだが、**問題を解決できる提案だったとしても、相手が興味を持つかどうかは別だ。**

「この提案を受けてコスト削減に成功したら、私が役立たずだということを証明することにならないか？」

「これなら社内の稟議を通せるだろうが面倒だな……」

提案する側の視点ではなく、相手の立場で考えることで、まったく違う世界が見えてくるはずだ。ポイントは以下のとおり。

• 相手の立場で利益や影響を考える
• 相手の組織内での様々な視点を想像する
• 想定される質問や懸念もイメージして準備する

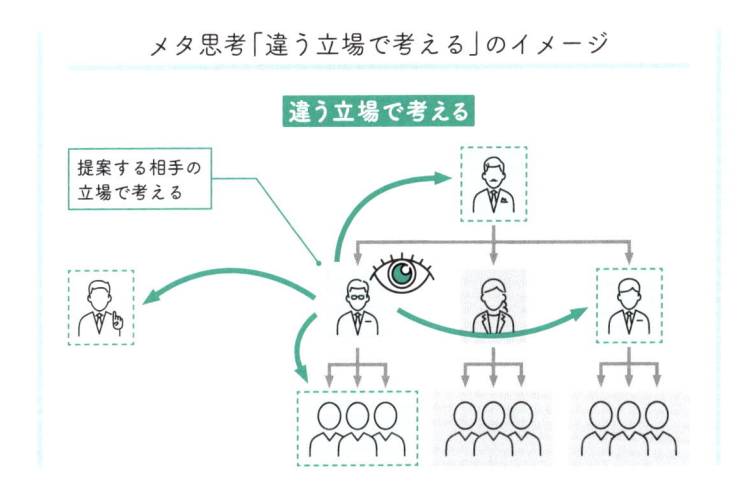

メタ思考「違う立場で考える」のイメージ

違う立場で考える

提案する相手の立場で考える

（3）大きな絵を描く

相手の組織内だけでなく、もっと大局的に捉えてみよう。

「この提案は業界全体のトレンドとどう関連しているか」

「5年後、10年後の市場変化を考慮しているか」

　と、このように考察する。また、自社の長期的な戦略との整合性を確認してもいいだろう。

　業界の中のポジション、長期的な視点での戦略など、大きな絵を描いて提案を見つめなおすのだ。ポイントは以下のとおり。

- 業界全体のトレンドと提案の関連性を示す
- 中長期的な市場変化を考慮に入れる
- 自社の長期戦略との整合性を確認する

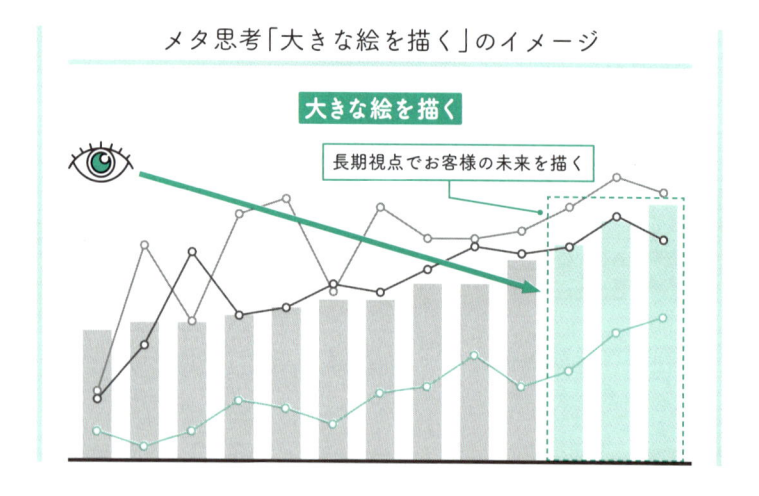

メタ思考「大きな絵を描く」のイメージ

大きな絵を描く

長期視点でお客様の未来を描く

　つまり、いったん自分の視点から離れる。別の立場から見つめる。もっと大きな（高い）視点で眺める。

　このように、自分の目の付けどころを変幻自在に変え続けることだ。

　メタ思考トレーニングをする上で、目の場所や高さ、向きに

意識を向けよう。

メタ思考トレーニングに効果的な2つの「問い」

　メタ思考を説明する上で、よく引き合いに出されるのがソクラテスの「無知の知」である。「無知の知」とは、「私は、私がそれを知らないことを、知っている」という意味だ。自分を超越した「神の視点」で自分を見ているからこそ、このような思考を手に入れられる。

「どうせ、こんなことをしても意味がない」

「きっとこうすれば、うまくいくだろう」

　といった傲慢な姿勢では、精度の高い仮説を立てることができない。レベルの高い仮説思考を身に付ける上でも、日頃からメタ思考を鍛えよう。

- 根拠――Why So？（なぜそうなの？）
- 目的――So What？（それで何なの？）

　この2つは、ロジカルシンキングの基本的な問いなので覚えておこう。「鳥の目」を意識して、Why So？　So What？　と根拠と目的を常に問いかけ続けることが、メタ思考トレーニングの第一歩となる。

👍 「メタ思考」を身に付けるための私の学習法

　最後に、私が「メタ思考」を使った事例を紹介する。私はよくお墓参りするときに、この「メタ思考」を使う。仏壇の前で手を合わせるときも同様だ。

　ご先祖様の前で手を合わせていると、自然と心が落ち着いていく。そして無意識のうちに、次のような自問自答が始まるのだ。

「妻の夫として、キチンとできているのだろうか？」「2人の子どもの父親として、ちゃんと役割を果たしているだろうか？」家族や兄弟、親族のことだけではない。「社長として、道を誤っていないだろうか？」「コンサルタントとして、お客様と真摯に向き合っているだろうか？」このように自分に問いかけることで、自分を客観視できる。上空を羽ばたく鳥になったつもりで、自分を背後から見つめてみるのだ。

　そして、自分に対して2つの問いかけをしてみる。

・根拠──Why So？（なぜそうなの？）
・目的──So What？（それで何なの？）

「もっとリアルで部下とコミュニケーションとったほうがいい」
「では、なぜコミュニケーションをとれないのか？」
「コミュニケーションをとることで、それでいったい何が変わるのか？」
　メタ思考を使うことで、自分を見つめなおすことができる。

ぐちゃぐちゃになった頭の整理にも役立つ。だから私は頻繁にお墓参りをする。仏壇にも手を合わせる。ご先祖様の前で内省していると、自然と高い視座を得られるからだ。自分を客観視して見つめ直すのに、とても役立っている。

ワンポイントアドバイス！

「メタ思考」を持つときは、頭の中で明確にイメージしてみよう。組織全体を俯瞰したいときは、組織図を頭に浮かべるのだ。マーケット全体を俯瞰したいときは業界地図などを頭に思い浮かべればいい。

　自分の人生を俯瞰的に観たい場合は、50年カレンダーや100年カレンダーをイメージするのだ。

　何となくイメージするだけでいい。そのイメージだけで、ある一点に固着した視点を剥がすことができる。ぜひ試してもらいたい。

05 スケール推定を習得する

先送りをなくして仕事効率を圧倒的にアップする3つの手順

※ポータブルスキル【仕事のし方：状況への対応】に対応

なぜ超高速マシーンのように仕事をこなせるのか？

あなたのまわりにいないだろうか？　難易度の高い仕事をいくつも抱えているのにもかかわらず、涼しげな表情でサクサク仕事をこなす同僚が。

コンサルタントの中にも超高性能マシーンのように大量の仕事を効率的に処理する者がいる。驚くべきは、その際に常に感情をコントロールできていることだ。憎らしいほどに淡々と重圧のかかるような仕事をスイスイこなす。

そんな敏腕コンサルタントがいつも無意識のうちに使っているのが「スケール推定」だ。

このスキルを学び、身に付けるだけでどんなに状況が変化したとしてもサクサク仕事を片づけることができるようになる。

「スケール推定」とは何か？　具体的な3つの手順

「スケール推定」とは、著者の造語である。主に作業時間を概算するときに使う。作業計画を立てるときや、状況に応じて慣

れない仕事をするときにとても役立つ。

たとえば上司から突然、「新規開拓用のリストを作ってくれ」と仕事を頼まれたとき、どんな感情を抱くだろうか。過去にほとんどやったことがない場合、「面倒だな」「忙しいのにそんな時間はない」とついつい思ってしまうことはないだろうか。

思考ノイズが頭の整理を邪魔して「面倒だ」「気分が乗らない」という感情に支配されてしまう。だからこそ、ついつい先延ばしにしてしまうのだ。

そんなときは「スケール推定」を使って作業時間を見積もればいい。**グダグダ考える前にどれぐらい時間がかかるのかをざっくり概算してみる**のだ。そうすれば不思議と感情がコントロールしやすくなる。余計な思考ノイズが減って気持ちが軽くなるからだ。

先延ばし癖がある人の思考パターン

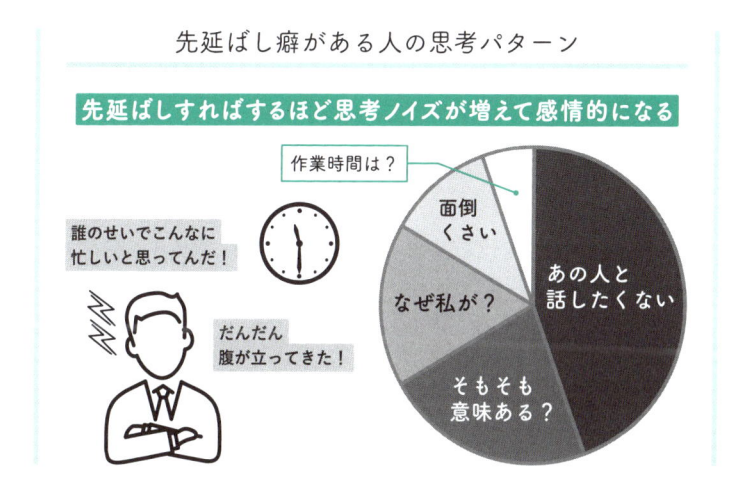

「スケール推定」のポイントは次の3つだ。

（1）細かく分解する
（2）極端な数字から近づける
（3）実践後に記録する

　１つ目のポイントは、**できる限りわかりやすい単位に分解する**ことだ。たとえば、新規開拓用リストの作成であれば「新規開拓用リストの作成はどれぐらいの時間がかかるか？」と自問自答しても概算するのは難しい。だから、まずは必要なタスクを紙に書き出してみるのだ。

- 新規顧客の条件を確認する
- 顧客データベースから条件に合ったデータを抽出する
- 新規顧客リストのフォーマットを作成する
- 新規リストのフォーマットに抽出データをペーストする

　このようにタスク分解すれば、概算しやすくなる。実際に概算した数字を当てはめてみよう。

- 新規顧客の条件を確認する（10分）
- 顧客データベースから条件に合ったデータを抽出する（２分）
- 新規顧客リストのフォーマットを作成する（15分）
- 新規リストのフォーマットに抽出データをペーストする（２分）

　一つ一つのタスク処理にかかる時間をだいたいでいいので見

積もれば「アタリ」をつけられる。

「新規顧客の条件さえわかれば、30分以内で終わりそうだ」

　細かく分解することで、このように精度の高い仮説ができあがる。

なぜバカバカしいほど極端な数字から始めるのか？

「スケール推定」2つ目のポイントは、極端な数字をうまく使うことだ。

　経験がなく、まったく見当がつかない数字を見つける場合は、極端な数字から考え、正解に近付けるほうがいい。慣れると、とてもカンタンに「スケール推定」ができる。

　たとえば、分厚い資料を渡されて、「すべて読み込んで分析して」と言われても、一度もやったことがない仕事ならどれぐらいの時間で終わるかまるで想像がつかない。そういう場合は、いったん「バカバカしいほど極端な数字」からスタートして正解に近付けていく。この分厚い資料を読み込むのに、

- 1年かかるか？
- 半年かかるか？
- 1か月かかるか？
- 1週間かかるか？
- 1日かかるか？

　このように予想していくのだ。最初から正解に近い値を考え

ようとすると思考停止になってしまう。

「見当もつかない」だと、無意識のうちに考えることを拒否してしまうのだ。しかし、「1年かかるか？」とバカバカしいほど大きな数字からスタートすると、頭は回転し始める。そして、すぐさま「ノー！」という答えを出してくれるだろう。

「半年かかるか？」「1か月か？」「1週間か？」と自問自答しても同じだ。即座に「ノー！」と答えが出るようになり、滑らかに頭が回るようになる。まさにこれは思考のウォーミングアップのようなものだ。頭の準備体操が終われば、

- 6時間かかるか？
- 3時間かかるか？
- 1時間かかるか？

と徐々に現実的な正解に近づいてきたとしても、正常に考えられるようになる。思考停止にならずに済むのだ。

「3時間はかからないが、2時間ぐらいはかかるかも……」

「いや、2時間以上はかかるか。2時間半かな……」

このように見積もることができるだろう。経験がない作業や慣れないタスクを処理する場合、バカバカしいほど極端な数字から考えるようにしてみるのだ。

「スケール推定」の検証はトコトン緩く！

「スケール推定」3つ目のポイントは、**実践したらキチンと記**

録することだ。この後工程を忘れると、「スケール推定」のスキルはいつまで経っても上がらない。

　実際にやってみるとわかるはずだ。「スケール推定」した数字と大きく外れないことを。「スケール推定」の初心者は、この結果に驚くはずだ。

「新規開拓用のリストを作るのに、30分ほどで終わる」

　と「スケール推定」してみた。実際に計測してみると、25分だった、40分だったということになるのだろう。早かろうと遅かろうと大きくは外れないのだ。「フェルミ推定」と同じで、一桁間違わなければ「正解だ」と思うぐらい緩く考えよう。

「30分と仮説を立てたのに1時間（60分）もかかってしまった」

　としても、何の問題もない。新規開拓用のリスト作成なら、データの抽出に手間取ったのか？　フォーマットの作成が思った以上に時間がかかったのか？　と検証するだけでいい。すぐ次に活かすことができる。しかし、

「30分と仮説を立てたのに5時間（300分）もかかってしまった」

　ということなら、仮説の立て方がかなりおかしい。一桁違うというのは根本的に何かが間違っている。重要な工程、プロセスが抜けていたのか、メタ思考やMECEの思考が不足しているかもと疑ったほうがいいだろう。

　いずれにしても、実際にかかった時間は必ず記憶しておこう。「スケール推定」の精度を上げる上で、とても役立つからだ。

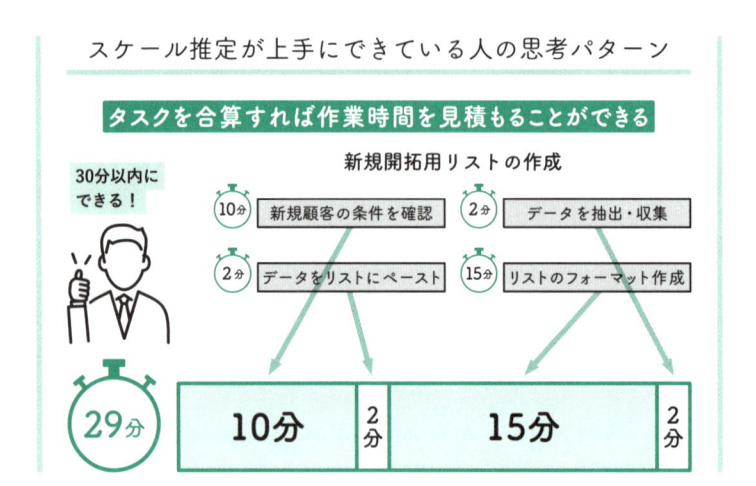

横山式の「スケール推定」4つの秘訣

　ここまでは「スケール推定」の基本について解説した。ここからは、私自身が考えた秘訣やコツを事例を交えながら紹介しよう。

　私は無類の面倒くさがりだ。今でも面倒なことはできる限り先送りしたいと考えている。しかし、この「スケール推定」ができるようになってから、ずいぶんと改善された。

　私が編み出した秘訣を4つ紹介しよう。「スケール推定」する上で、ぜひ参考にしてほしい。

（1）10分以内で終わりそうな作業のみとする

　まず、日頃から何でもかんでも時間を計測して記録しておこう。スマホのストップウォッチ機能を使えば、いつでもどこで

も気軽に時間を計ることができる。

　ただし慣れないうちは10分以内で終わりそうな作業のみを対象とする。なぜなら10分を超えると、複数の作業を組み合わせた「プロジェクト」になっていることが多いからだ。すると誤差が大きくなる。

　たとえば「提案資料を作る」といっても、どんな提案資料なのか。標準フォーマットはあるのか。調べないとわからないことが多いのか。いろいろな事情によって平均値をとることが難しい。

「A社に対するB商品の提案資料を作るのなら、20分でできる」

　とは言えても、単に、

「提案資料なら、だいたい20分で終わる」

　とは言い切れないのだ。だから以下のように、だいたい10分以内で終わりそうな作業の時間を計るようにしよう。

円グラフを作る時間／標準フォーマットを探す時間／SNSの投稿にかかる時間／メールの返信にかかる時間／トイレに行って帰ってくる時間／注文した料理が出てくるまでの時間／事務所から最寄り駅まで歩く時間　など

（2）ざっくりとした平均値をとる

　2つ目の秘訣は、平均値をとることだ。最低でも6回は計測して、

「だいたい5分だな」

「最初は7分かかると思っていたが、いつも4分以内で終わる」

と時間感覚を磨こう。そのためにも**思いついたら「すぐ計測」という習慣を身に付ける。** 1回や2回しか計測した経験がない人だと、先入観が入ってしまうからだ。

そして繰り返せば次第にわかってくる。自分が最初に見積もっていた以上、短い時間で終わることが多い、ということを。
「メールの返信は5分ぐらいかかると思っていたが、2分以上かかることなんて、ほとんどない」
「駅まで10分はかかるとずっと思い込んでいた。実際はどんなにエレベーターが混んでいても7分あれば確実に着く」

このように仮説検証を繰り返すと平均値がわかり、心の余裕が出てくる。どんなに面倒だなと思うことも、「3分しかかからない」「8分だけ時間をとろう」と思えるものだ。

(3)「2分／5分／10分」の作業を覚える

3つの目の秘訣が、「2分／5分／10分」の3種類に分けることだ。
「スケール推定」は概算で作業時間を見積もるスキルなので、ざっくりでいいのだ。以下のような精緻さは必要ない。

- 1日のタスクを書き出すのに【9分】
- 気になるYouTubeのチェックに【8分】
- お客様の最新情報の収集に【6分】
- 顧客データベースの更新に【3分】

7分とか8分という中途半端な数字は、なかなか覚えられな

い。だから覚えやすい「2分／5分／10分」の3種類に分ける。当然、平均値より多く見積もったほうが安心なので、以下のとおりに変換する。

- 1日のタスクを書き出すのに【9分】➡【10分】
- 気になるYouTubeのチェックに【8分】➡【10分】
- お客様の最新情報の収集に【6分】➡【10分】
- 顧客データベースの更新に【3分】➡【5分】

ちなみに【2分】と【5分】とでは、あまり変わらないのでは？と受け止める人も多いだろう。もちろんすべて【5分】で統一してもかまわない。しかし【2分】かかる作業は、実際のところ2分もかからない。だから2つ合わせても【5分】にならないことがポイントである。私は【2分】と【5分】の作業を分けて覚えるようにしている。そうすることで、

- お客様の提案資料を探すのに【2分】
- メールを返信するのに【2分】

とわかっていれば、上司に提案資料をメールで送るのには【5分】もかからないと判断できる。

(4)「考える／調べる」が含まれると大きく変化する

4つ目の秘訣は、「考える／調べる」が含まれると作業時間は大きく変化するということだ。たとえばメールの返信でも、

「了解しました。意識していきます」
「かしこまりました。それでは皆さんに伝えておきます」

といった軽い返信であれば2分もあれば十分だ。しかし意見を求められるメール、スケジュール調整のメールなどに返信する場合は、少し考えたり、調べたりする時間が必要だ。これには大きく個人差が出る。

ただ「考える」といっても、1テーマに対して2分以上かかることはない。2分以上も頭をひねっていたら、いつの間にか「考える」から「悩む」に変容してしまうからだ。

仮説検証スキルを身に付ければ、考えるスピードは上がるし、考えてもわからないことは調べようと決断できる。

厄介なのは「調べる」である。ネットで検索したり、書籍を読んだりして調べる場合「スケール推定」しづらいことも多いだろう。何を調べるかによって大きく変わるからだ。

また、**最も見積もりしづらいのは、他者に協力をお願いするケース**だ。何かを質問したり、相談したり、作業を手伝ってもらう場合、どれぐらいで期待どおりのアウトプットを出してくれるか「スケール推定」することは難しい。

人に何かを頼むときは、このあたりを頭に入れて、段取りすべきだろう。

（5）習熟すればするほど「仮説」は変化する

5つ目の秘訣は、作業の習熟度によって大きく変化すること。

たとえば、本書を読んでいるあなたは「帯グラフの作成」にどれぐらいの時間がかかるだろうか？　私なら10分以内で完成

できる。慣れているからだ。円グラフもよほど複雑な形状にさせない限り、10分以内で作成できる。

日頃から資料作りに慣れている私だが、社内のシステムを用いた作業は不慣れだ。経営者なので私の代わりにやってくれる部下が多く、ついつい甘えてしまう。そのため交通費や経費の精算を自分でやろうとすると、とても時間がかかる。

このように、同じ作業であっても習熟度（慣れ／不慣れ）によって必要な時間は大きく変わる。最初は30分かかっても、慣れたり、スキルが上がることで20分、15分と短くできることも頭に入れておくべきだ。

「スケール推定」を身に付けるための私の学習法

最後に、私が「スケール推定」を使った事例を紹介する。「スケール推定」によって、かなり仕事が効率化した例をいくつか紹介しよう。

● 一日のタスクを書き出すのに【5分】

現在、毎朝一日のタスクを書き出すようにしている。慣れないうちはとても面倒で、「忙しい朝の時間にそんなことやってられるか」と思い、なかなか続かないでいた。しかし何度計っても「5分で終わる」とわかった。すると面倒という感情が消え去り、継続できるようになった。

- **本のプロローグを読むのに【10分】**

　本を買ったら、必ず10分の時間を作ってプロローグ（「はじめに」「まえがき」）だけ読むようにしている（ほとんどのケースで10分以上かかることはない）。

　著者はこの本に興味を持ってもらいたいと心底願っているから、全身全霊を使って「プロローグ」を書く。だから「プロローグ」さえ読み終えたら、必ずその本を読みたくなるのだ。このクセができてから、本の読了率は格段に高まった。

- **標準化のアイデアを書き出すのに【5分】**

　仕事の効率を上げるのに、どんなものでも標準化するように心掛けている。メルマガやコラムの型、YouTube の台本、セミナーやグラフにいたるまで、すべて標準フォーマットを用意したいと思っている。しかし、いつも面倒くさいと思って後回しにしてきた。ところが、標準化のアイデアを書くのに5分もかからないとわかってからは、すぐ取り掛かるようになった。

- **今日の先送りタスクを書き出すのに【2分】**

　夜寝る前に、今日やるはずだったのに先送りしてしまったタスクを書き出すようにしている。

　今日やるべきなのに先送りした事柄と向かい合わなければならないからとても気が進まない作業だ。しかし、書き出すのに1分以上かかることはほとんどない。そうわかると気分が楽になった。この習慣のおかげで先送りするクセが随分と減った。

⚐ ワンポイントアドバイス！

　慣れるためにも、積極的に仕事以外でも活用しよう。次のような実践例をライブラリー化するのだ。

- 日経新聞を読むのに【15分】
- HIIT トレーニングするのに【4分】
- デンタルフロスと歯間ブラシをするのに【3分】
- 一泊二日の出張準備をするのに【10分】
- 玄関の靴（家族全員）を揃えるのに【1分】

　ライブラリーがあることで、「日経新聞をざっと読むのに15分だから、5ページの企画書を読むのは10分もかからないだろう」などと転用できるようになる。

「スケール推定」をすることで仮説思考力が鍛えられ、やるべきことをサクサクこなすことができる。ぜひ試してもらいたい。

06 フェルミ推定を習得する

「フェルミ推定」を使って
数字で考えるスキルを身に付ける

※ポータブルスキル【仕事のし方：計画の立て方】に対応

フェルミ推定はコンサルタントの必須スキル

「フェルミ推定」は仕事をする上でとても役立つスキルで、とくに仮説を検証する上で非常に使える。「本当にそのアイデアでうまくいくのか？」「この問題を解決できるのか？」といったときにクリティカルシンキングするときにも役立つのだ。

　約20年前のことだ。コンサルタントになって1か月もしないうちに、19歳年上のベテランコンサルタントから突然こう問いかけられた。お客様先へ向かうタクシーの中のことだった。

「日本の電柱は何本ある？　お客様の工場に着くまでに概算して」

　慌ててメモを取り出し考えてみたものの、答えらしい答えを出せなかった。苦い思い出だ。

「学歴も資格も関係がない。だけど、フェルミ推定ができないとコンサルタントは務まらない」

　タクシーを降りる際、彼に言われた言葉は今も忘れられない。「コンサルタントと言えば、フェルミ推定」と言われるほどの定番スキルである。それではフェルミ推定とは何か？　どうや

ったら仕事をしながら勉強できるのか？　しっかり解説していきたい。

「フェルミ推定」とは何か？　4つのプロセス徹底解説

「フェルミ推定」とは、見当もつかないような数字を論理思考力を用いて概算することだ。私が「フェルミ推定」ができるようになってから、新しい事業の成功率は格段と上がった。経営者から相談された際も「フェルミ推定」を使って、1～2分ぐらいで判断できるようになった。

「その条件では、今その事業を始めないほうがいいですよ」
「期間を1年延ばせば、その目標は達成できると思います」

といった具合にである。

それでは、実際に「フェルミ推定」の手順を紹介する。「フェルミ推定」を自主トレするときは次の4プロセスで試してみよう。実際にこの4プロセスを使いながら概算もしてみたい。わかりやすいので「うどん屋」の月間売上を考えてみる。

（1）全体から構成を考える

まずは全体を俯瞰して、どんな要素で構成されているのかを考える。「うどん屋」の売上構成であれば、どんなものがあるだろうかと。

ただ、この時点で多くの人がてこずる。理由は、答えから逆算して計算式を考えることに慣れない人が多いからだ。

たとえば【10】が答えになる計算式を考えてみよう。何も考

えず、四則計算（足し算、引き算、掛け算、割り算）でバリエーションを出していけば、無数にアイデアが出てきてしまう。

- 1×10　・2×5　・20÷2　・100÷10　・2＋8
- 5＋5　・3＋3＋4　・73−63　・1090−1000−80

　だから、フェルミ推定の初心者はまずパターンを覚えてしまおう。基本的には次の2パターンだけ覚えればいい。

①足し算
②掛け算

　全体を表現するには、構成要素を足していけばいい。「うどん屋の月間売上」なら、次のようなパターンが考えられる。

- 昼の売上（月間）＋夜の売上（月間）
- 平日の売上（月間）＋週末の売上（月間）
- うどんの売上（月間）＋うどん以外の売上（月間）
- うどん含む食べ物の売上（月間）＋飲料の売上（月間）

　このように全体を要素分解し、それぞれの要素を計算したあとに足せば、合計の数字を概算できる。いっぽう法則性があるもの、同じパターンを繰り返すものに関しては掛け算を使う。

- 1日の売上×30日

• 客単価×来客数（月間）

　この足し算、掛け算を組み合わせれば、おおよそのフェルミ推定は可能だ。**とくに足し算で考えるとき、必ずMECEの思考が必要だ。**「モレなくダブりなく」で計算しないと、いくら概算とはいえ大幅に狂ってしまう。

　たとえば「うどん」以外の取扱商品（おにぎり、天ぷら、ビール、おつまみなど）があれば、こういった要素を漏らしてはいけない。ビールなどのアルコール飲料も出すお店なら、その分の売上も考慮すべきである。

(2) 概算する計算式を見つける

　全体を考え、構成要素をだいたい決めたら、実際に計算式を作ってみよう。たとえば、1日の売上を昼と夜に分解する。すると、次のような計算式ができあがる。

• うどん屋の1日の売上＝昼の売上＋夜の売上

　これを「客単価×来客数」で売上を表現すると、次のようになる。

• うどん屋の1日の売上＝（昼の客単価×来客数）＋（夜の客単価×来客数）

　そして「夜の売上」にはビールなどの飲料が客単価を押し上

げると考えると、さらに細かく分解できる。

- うどん屋の1日の売上＝昼の売上（うどん含む食べ物×来客数）＋夜の売上（（うどんを含む食べ物＋飲料）×来客数）

　平日の昼は混んでいるが、週末の昼はそれほど混んでいない。しかし平日の夜はそれほどでもないが、週末の夜はそこそこ混んでいる、と考えたとしよう。すると次のような式が考えられる。

①うどん屋の1日の売上（平日）
　＝平日の昼の売上（うどん含む食べ物×平日の昼の来客数）
　＋平日の夜の売上（（うどんを含む食べ物＋飲料）×来客数）

②うどん屋の1日の売上（週末）
　＝週末の昼の売上（うどん含む食べ物×週末の昼の来客数）
　＋週末の夜の売上（（うどんを含む食べ物＋飲料）×来客数）

　来客数も分解しないと計算ができない。テーブルの数や回転率で概算してみよう。昼と夜とでは回転率が変わってくるとする。あとは、平日が月に「5日×4週＝20日」。週末が月に「2日×4週＝8日」と考えてもいい（28日だと少ないので平日や週末に1を足して30日にしてもいい）。

（3）計算式に値を入れる

　計算式に値を入れれば、いったん完成だ。料金や席数は常識の範囲内なら、ざっくりとした数字でかまわない。

- うどん＝800円
- うどん以外の食べ物＝100円
- 飲料＝500円
- 平日昼の来客数＝20席×３回＝60人
- 平日夜の来客数＝15席×３回＝30人
- 週末昼の来客数＝18席×２回＝36人
- 週末夜の来客数＝20席×２回＝40人

　それでは、実際に値を入れて計算してみる。まずは平日と週末の売上だ。

①うどん屋の１日の売上（平日）
　＝平日の昼の売上（900円×60人）＋平日の夜の売上（1400円×30人）＝54,000円＋42,000円＝96,000円

②うどん屋の１日の売上（週末）
　＝週末の昼の売上（900円×36人）＋週末の夜の売上（1400人×40人）＝32,400円＋56,000円＝88,400円

　続いて平日と週末の日数を掛け、それらを足せば月間の売上を求めることができる。

- （平日の売上×20日）＋（週末の売上×8日）＝96,000円× 20日＋88,400円×8日＝2,627,200円

ということで、「だいたい260万円ぐらい」という答えが出た。**最も重要なのは答えを出し切ることだ。**どこで妥協するのかは後述する。とりあえず途中で諦めることなく答えを出すことができたら目標達成だ。

（4）妥当性を検証する

妥当性、正確性を検証する場合は、実際に調査するのがはやい。今回のケースでいえば、「うどん屋」を営む人に聞けばいい。メニュー、料金、席数などの値を聞いて計算してみて、一桁間違っていなければいい。

つまり、実際の売上が30万円とか3,000万円とか、3億円といった値でない限りは「合格」とするのだ。フェルミ推定には、この割り切りが不可欠だ。

「フェルミ推定」する上での2つの心構え

フェルミ推定するときは、次の2つのことに気を付けよう。

（1）割り切り
（2）スピード

まずは割り切りだ。そのことについて詳しく知らないのに、

精緻な答えなど出せるはずがない、と割り切る。

「うどん屋」の例で言えば、ビールを飲むお客様もいれば、飲まないお客様もいる。月曜日の夜よりも、金曜日の夜のほうが混むかもしれない。しかし、細かいことを言い始めたらキリがない。

分解しすぎると計算が煩雑になるので、平日と週末だけとか、昼と夜だけとかに分けるぐらいにして、食べ物と飲料などまで分解しないほうがスピーディに概算できる。

このように、フェルミ推定にはスピード感が大事だ。採用面接では、5〜10分程度で解答しなければならない。そのため、どこで妥協するか。**その妥協ラインを常に考えておかなければならない。**

採用面接ではなく、新事業を考えるとき、マーケットを分析するときなら、たっぷり時間はある。とはいえ、1時間も2時間もかけてフェルミ推定すべきではない。考えすぎるとやり抜く力が落ちる。**フェルミ推定に慣れないうちは、精度が低くても、必ず時間を決めてやり抜くようにしよう。**キーワードは「Quick & Dirty（「完成度は低くても素早く」という意味）」である。

「フェルミ推定」に慣れる3つのポイント

このように日頃から「フェルミ推定」に慣れることで、仮説思考を鍛えることができる。ランチのときを強くお勧めするのは、ランチが終わるまでには絶対に答えを出し切ろうと思える

からだ。

　その上で、トレーニングする際のポイントは以下の3つ。

（1）一人でやること
（2）紙に書いてやること
（3）難しい例題に挑戦しないこと

　慣れるまでは、この3つを意識してやっていこう。

　フェルミ推定の学習は一人でランチするときに試してほしい。思ったとおりに概算できず恥ずかしい思いをすることもないからだ。また、小さなメモ帳などを使って計算式を書いたり値を入れたりしてほしい。頭の中でイメージしようとしても、最初のうちはカンタンにはできないはずだ。

　そして最も大事なことは、むやみやたらに難しい例題にチャレンジしないこと。「うどん屋」の1か月の売上計算も、厳密にやろうとしたらとても複雑になる。最初のうちは「客数×一人当たりの単価」程度でいい。これぐらいの概算する習慣があるだけでも、実務には大いに役立つのである。

最も役立つのは「クリティカルシンキング」するとき

　フェルミ推定が最も役立つシーンは、クリティカルシンキング（批判的思考）するときだ。クリティカルシンキングとは、「本当にこれで正しいのか」「バイアスがかかっていないか？」を点検、検証するときに使う思考法だ。フェルミ推定で有名な、

- 日本に電柱は何本あるか？
- 東京都のマンホールの数は？

　といった例題を解くのは、そんなに簡単だと思わない。しかし誰かがロジカルシンキング（論理的思考）で考えた仮説を、クリティカルシンキングで検証するのは、それほど難しくはない。たとえば、

- 当社の商品Aは県内で、年間5,000万円しか売れない

　という仮説に対して、「本当にそうなのか？」と疑ってみる。結論は「商品Aの年間売上」である。

- マーケット側から考えるケース
- 販売側から考えるケース

　の2パターンで全体像を見ると、

- 県内で商品Aを購入する企業数×年間購入数×商品Aの単価
- 当社の営業が商品Aを提案する数（年間）×クロージング率×1回当たりの販売額

　となる。マーケット分析するときは、県内で商品Aを購入する企業数をどのように見積もるか。思い込みを排除し、MECEで推論できるかがカギと言えるだろう。同じような例で言えば、

- 3つの施策で秋の展示会に100人集客する

　こういった仮説を検証するときにも使えるし、

- 当社のような50人もいない中小企業には、大卒の新入社員は採用できない

　といった否定形の仮説にも役立つ。「本当にそうなのか？」と疑い、フェルミ推定で概算するのだ。**物事を決めつけたように言う人の主張を検証するときにもフェルミ推定はとても役立つ。**ぜひ試してもらいたい。

「フェルミ推定」を身に付けるための私の学習法

　最後に、私が「フェルミ推定」を使った事例を紹介する。私はよく経済ニュースを読むとき、このフェルミ推定を使って「それは本当なのか？」と検証を試みる。

　たとえば、「新社長が発案した新商品が売れて、業績が大幅に回復した」というニュースがあったとしよう。そのニュースに触れて、こう考えるのだ。

「本当に、その新商品のおかげで業績が大幅に回復できるのだろうか？」

　と。その商品が、その期間で、どれぐらい売れたら業績がそれほど回復するのか。ざっくり概算してみるとわかる。

「新商品も売れたかもしれないが、本当は地道な営業努力で既

存の商品を売ったのではないか。もしくは値上げ効果があったからに違いない」

　などと推論する。ニュースは話題性の高い要素にフォーカスする。だからフェルミ推定などを使って検証すると実態がわかる。頭の体操にもなっていい。

ワンポイントアドバイス！

　フェルミ推定を身に付ける上で日頃からやっておくべきことは、わからないなりに定量表現にチャレンジすることだ。

　計算式まで考えなくてもいい。ハンバーガー屋へ行ったら「一人当たりの客単価は？」などと考えてみるのだ。

「人によって違うからわかりようがない」と逃げない。**割り切るクセが身に付くので、繰り返しやっていこう。**

　私は「100円ショップ」に行くたびに、「この100円ショップの客単価はいくらだろう」と思いを巡らせる。同じ100円ショップでも客層によって客単価は変わるだろう。だから毎回頭を働かせる。

　思考のメンテナンスに効くので、ぜひやってみてもらいたい。

07 ダンドリ力を習得する

計画遂行力が格段にアップする
３つのコツ

※ポータブルスキル【仕事のし方：実際の課題遂行】に対応

現場に入るコンサルタントは「ダンドリ力」も一流！

　コンサルタントはロジカルに現状を分析し、効果的な課題を設定するだけでは終わらない。昨今は課題の遂行まで支援するコンサルタントも増えている（私もその一人である）。

　その際に活きるスキルが「ダンドリ力」だ。コンサルタントは通常、多くのプロジェクトに参画している。だからダンドリが悪いとすべてが中途半端になってしまう。スケジュール調整や各種手配が疎かになるのだ。

　それでは、ダンドリ力とは何か？　ダンドリ力を鍛えるための学習法や手順について解説していく。

「ダンドリ力」をアップする３つのポイント

　「ダンドリ力」を解説する前に「ダンドリ」について簡単に解説する。「ダンドリ」とは、作業が効率的に進むように準備・調整することだ。単なる準備ではない。**リソース配分などの手配、調整がとても大事なのでセンスや心配りも必要**だ。

事例を使って解説していこう。たとえば課長から、

「企画書を作って、部長にプレゼンしてくれ」

と言われたとする。そこで自分なりに企画書を完成させ、部長にプレゼンしたとしよう。すると部長から、このようなことを言われてしまった。

「このデータ、どこから持ってきた？」

「データは情報システム部からいただきました」

「違うだろ。企画の指示書は読んだのか？」

「いえ、読んでません」

「指示書を読まずに企画書を作ったのか？」

「……申し訳ありません」

「手順がおかしいだろ。このチーム編成はどうやって考えた？」

「それは自分の案です」

「メンバーと調整したのか？」

「いえ。まだです」

「メンバーに相談せず、チーム編成を考えたのか？　課長はどう言っていたんだ？」

「部長にプレゼンしてから課長に確認しようと思って……」

「ダンドリが悪すぎる！　やり直しだ！」

このように、手順、優先順位、調整などが不十分だと「ダンドリが悪い」と言われてしまう。だから「ダンドリ力」をアップするには、次の3つのポイントを意識しよう。

(1) 優先順位

(2) 手順（プロセス）

(3) 各種調整（予約）

　ダンドリが悪い人の多くが、優先順位と手順の違いがわかっていない。だから、まずはこの違いを頭に叩き込んでおくことだ。

- 優先順位 ➡ 状況によって変更する
- 手順 ➡ 基本的に変更しない（してはならない）

　料理のダンドリで考えるとわかりやすい。たとえばスパゲッティを作る際、どのような作業があるか列挙してみよう。

- ニンニクをみじん切りする
- 具材を切る
- ニンニクを炒める
- 具材を炒める
- お湯を沸かす
- パスタを茹でる
- 炒めた具材と茹でたパスタをあえる

　これらの作業の中身を考えると、

- どのようにニンニクをみじん切りするのか？
- どのように具材を切るのか？
- どのようにお湯を沸かすのか？

　といった手順（プロセス）は変えることができない。しかし、作業の優先順位は状況によって変更可能なこともある。同時に進められる作業もある。

　これらの手順と優先順位の特性を頭に入れて料理をすれば、
「お湯が沸くのを待ってから、ニンニクのみじん切りを始めたら効率が悪いだろ」
「ニンニクを炒めてから具材の準備を始めるなんて、ダンドリが悪すぎる」
と指揮されることはないはずだ。冒頭の例で考えてみよう。

　企画書作りも次のようにあらかじめ作業を分解しておけば、手順と優先順位を意識しつつ、作業の予約や手配ができる。

- 企画指示書を確認する
- 指示書どおりにデータを収集する
- 企画書のドラフトを作成する
- メンバーへ企画を説明する
- チーム編成案を作成する
- 企画書を作成する
- 課長に確認する
- 企画書を完成する
- 部長へプレゼンする

　以上ができていればプレゼンした部長からも「ダンドリがいいねえ」と言われたに違いない。

　現代のビジネスパーソンは多くの仕事を抱えている。ダンド

リ力が足りないと仕事効率はとても悪くなるし、何よりストレスがたまる。うまく調整できないと途中で仕事が頓挫してしまうこともあるだろう。

どのような手順で作業をするか？　どのような優先順位で取り掛かるか？　どのリソースを事前に押さえる（予約する）か？常に頭を使っていこう。

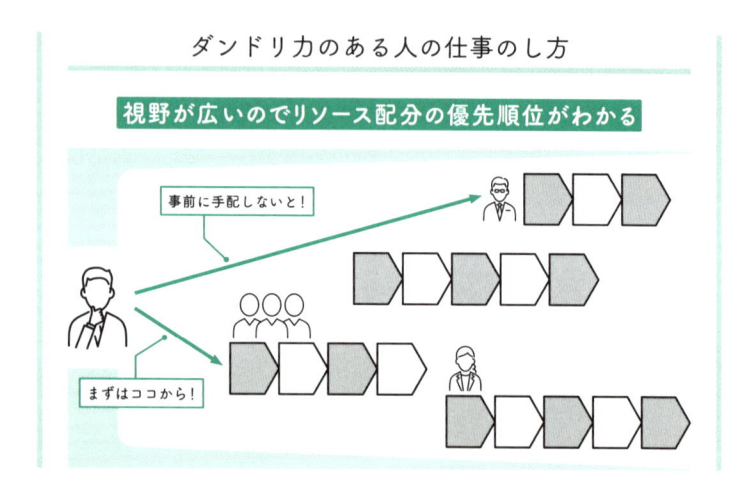

ダンドリ力のある人の仕事のし方

視野が広いのでリソース配分の優先順位がわかる

事前に手配しないと！

まずはココから！

プロジェクトとタスクに分けて「ダンドリ」する

ダンドリ力を身に付ける上で次に気を付けたいポイントは、プロジェクトとタスクの違いを整理することだ。

プロジェクトとタスクを次のように定義をすると、よりわかりやすいだろう。

・プロジェクト＝タスクの集合体

- タスク＝作業の最小単位

　ただ、ひとえにプロジェクトといっても、大きなものから小さなものまで幅広く存在する。だから次の3通りに分けるといい。

- 大プロジェクト（中プロジェクトの集合体）
- 中プロジェクト（小プロジェクトの集合体）
- 小プロジェクト（タスクの集合体）

　研修の受講でたとえると、次のようになる。

- 大プロジェクト（研修を受講する）
- 中プロジェクト（研修を決める／日程調整する／研修の準備をする／研修を受講する／研修の報告をする……など）
- 小プロジェクト（研修をリサーチする／上司に相談する・許可をとる／研修を申し込む／課題図書を買う・まとめる／研修会場までのチケットを買う／研修報告書を書く……など）

　大まかでもいいから、大中小のプロジェクトと、それらを構成するタスクを具体的にイメージする。大プロジェクトと中プロジェクトだけ考えず、小プロジェクトやタスクまで思いを馳せることができたら、「やるべきこと」がハッキリしてくる。

　何を優先的にやったらいいか、アタリを付けることができてくるのだ。

タスク処理時間を推定するスキルとは？

「やるべきこと」がハッキリすれば、それぞれの作業時間を見積もっていこう。しかし、大プロジェクトや中プロジェクトをいきなり見積もろうとしても、抽象的すぎて、どれぐらいの時間がかかるかがわかりづらい。だから、ついつい「おいおいやっていけばいい」と考えてしまうのだ。研修受講の例でいえば、

- 研修を決める
- 研修の準備をする

　といった中プロジェクトの処理時間はわかりづらい。しかし、

- 研修をリサーチする
- 課題図書を買う

　といった小プロジェクトなら「スケール推定」を使って、だいだいどれぐらいの時間がかかるか、見積もることができる。

- 研修を決める

　であれば、次のようにタスク分解できる。

- 研修会社のサイトで調べる
- SNSでアンケートをとる

- 過去の受講者に意見を聞く
- 上司に相談する
- 研修受講申請書を提出する

　あとは、それぞれのタスク処理時間を計算し、足していけば、「だいたい1時間もあれば終わるかな」と思えてくる。

　どれぐらいの時間が必要かを概算できれば、優先順位付けも簡単にできる。レスポンス待ちの作業（大量データをダウンロードする、問い合わせた結果を待つなど）、誰かに任せる作業（資料の記入、研修会社のリサーチなど）といった「手待ち時間」も有効活用ができる。

最も大事なリソース「人×時間」の調整方法

　ダンドリ力を身に付ける上で最も難しいのは、リソースの調整である。「やるべきこと」と処理時間もハッキリしたら、そこに必要なリソースについても明らかにしていこう。リソースの調整や手配をおろそかにしないことが準備とダンドリの大きな違いだ。リソースは主に、次の5つを覚えたらいい。

- 人　　・物　　・金　　・情報　　・時間

　このうち、**「人×時間」のリソース調整が最もデリケート**だ。そのため優先順位を間違えてはいけない。
　「この件はYさんに事前に伝えておいたほうが、あとでややこ

しいことにならないだろう」

「Kさんは協力してくれるが忙しい。なので、早めにスケジュールを押さえたほうがいい」

　ダンドリ力がある人は、こうやって手強い人、つまりはキーパーソンと呼べる人を上手に味方につけている。

「先月、専務に相談しておきました。これで部長からの承認はとりやすいと思います」

「君はいつもダンドリがいいな！」

　ダンドリ力を磨くには、普段からキーパーソンと関係を築いておくことも重要だ。ここでは「人間力」も試される。

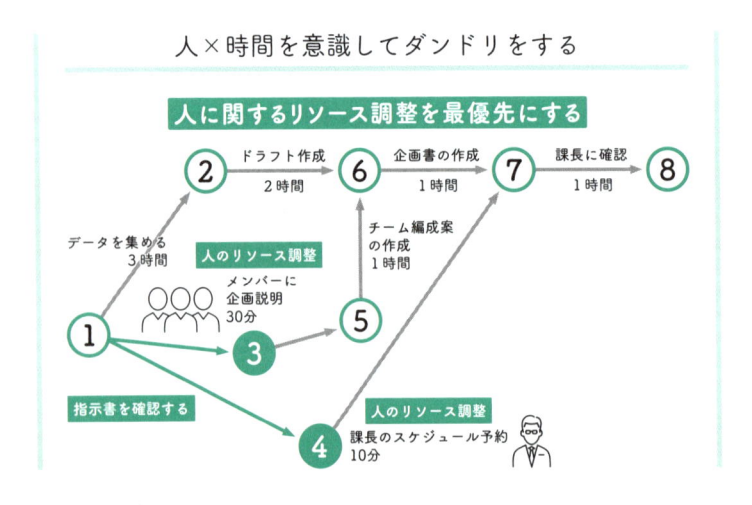

人×時間を意識してダンドリをする

「ダンドリ力」を身に付けるための私の学習法

　最後に、私が「ダンドリ力」を身に付けるために意識した事例を紹介する。それは「飲み会の幹事」である。

　正直なところ、私は飲み会の幹事が苦手だった。どんなシチュエーションで幹事を引き受けても、なかなかうまくこなせないでいた。

　そのせいで、幹事を頼まれそうになると、いろいろな理由をつけて逃げ回っていた。

　しかし、あるとき先輩コンサルタントにこう苦言を呈された。

「若いときから積極的に幹事を引き受けろ。そうしないと、ダンドリ力が身に付かないぞ」

　当時は幹事を引き受けさせる口実だと思っていた。だが、そうではなかった。

　実際に幹事がうまい人はプロジェクトの運営もそつなくこなした。

- 飲み会の日程を決める
- 予算を決める
- 上司に意見を聞く
- 店を決める／予約する
- 参加メンバーを募る
- 当日座る席を考える

「やるべきこと」は、これぐらいだ。しかし、飲み会の日程や時間帯を適当に決めてはいけない。

　先述したとおり、「人×時間」というリソースの調整を間違えると、

「イベントの前日に飲み会なんか開いたら、部長が参加できな

いだろう」

「こんな遅い時間からスタートさせたら、小さいお子さんがいる女性社員が参加できない。何を考えてるんだ？」

と叱られてしまう。全員参加が難しくても誰を優先的に参加させるべきか、このあたりの情報をしっかりと掴んでおかないと「ダンドリが悪い」と言われてしまう。

「最近、お子さんのいる女性社員から不満が上がっている。部長がとても気にしているから、飲み会を開いてくれ」

と言われたら、誰を最優先して参加してもらうか考えられるはずだ。

もちろん、店選びも重要だ。

「それなら5人の女性社員にどういうお店に行ってみたいかを聞いてみます。予算は一人6,000円までいいですか？」

「わかった。6,000円ぐらいなら経費で処理する」

人、物、金、情報、時間……。これらのリソースを頭に入れながら「やるべきこと」の優先順位を決めていく。たかが幹事、されど幹事、である。

課題を設定し、それを遂行していく上では、いろいろな人を巻き込んでいかなければならない。

その際は、ダンドリ力を鍛えるチャンスだと思い、率先して手を挙げよう。もちろん幹事もいい経験になる。

ワンポイントアドバイス！

ダンドリ力を身に付ける上で日頃からやっておくべきことは

「スケジュール調整」である。

　ビジネスパーソンなら毎日のようにやっているだろう。スケジュール調整しながらダンドリ力を鍛えるのだ。仕事を依頼されたら、

- 同類のタスクと連続させてスケジュールを入れる
- 依頼主に確認してもらうスケジュールも抑える

　といったことも意識する。単に空いている時間帯にスケジュールを入れるだけでは、ダンドリ力をトレーニングすることはできないのだ。

08 説得力のある話し方を習得する

誰でも理路整然とプレゼンができる 「ピラミッドストラクチャー」

※ポータブルスキル【仕事のし方：現状の把握】に対応

コンサルタントの言葉に説得力がある理由

「なぜコンサルタントは説得力を持って話せるのか？」

多くの人からこのように質問を受ける。答えは簡単だ。コンサルタントは「ピラミッドストラクチャー」を使って話すことがクセになっているからだ（そもそも説得力のある話し方ができなければ、コンサルタントは務まらない）。

もちろん「話し方」だけではない。企画書、提案書を作るときもそうだ。この**ストラクチャーに従うことで、コンサルタントはクライアントを納得させるだけでなく、決断を後押しする。**

今回はピラミッドストラクチャーとは何か？　どうやったらピラミッドストラクチャーをうまく使いこなすことができるようになるのか？　その学習法を解説していきたい。

ピラミッドストラクチャーの基本「3階層構造」

ピラミッドストラクチャーとは、最も重要なポイントを先に述べ、次にその根拠や具体的なデータ、例示を重ねていく構造

のことを指す。聞き手ははじめに結論を知ることができ、その後の話の展開を追いやすい。だからピラミッドストラクチャーを使うことで説得力の高い話し方ができたり、資料を作ることができたりするのだ。

社内で企画を通すとき、お客様に提案するときだけでなく、ブログを書くときも、採用面接で自分をアピールするときにも使える。日常的に使えるフレームワークなので、絶対に覚えておこう。

演繹法のスタイル、帰納法のスタイルなど、いろいろな形はあるものの、まずは基本スタイルだけ頭に入れよう。そのためにも覚えるべきは、次に紹介する3つの階層だ。

(1) 結論
(2) 根拠
(3) 詳細

シンプルな例文を示すことでさらにわかりやすくなるはずだ。

(1) 結論：A社を訪問するには電車にすべき
(2) 根拠：最も移動効率がいいから
(3) 詳細：周辺の道が渋滞しやすい／駐車場が近くにない／駅前にオフィスがある

この3つの階層を頭に入れた上で、ピラミッドを意識した形に変形していく。

結論を支える「土台」をピラミッド型に積み上げる！

　先述した「Ａ社を訪問するには電車にすべき」という主張ぐらいなら、１つの根拠だけでもいいかもしれない。しかし、**世の中に存在する多くの主張は、たった１つの根拠だけで納得されることは多くない。**

「定期的にマーケティング勉強会を開催すべき」

　という主張を裏付ける根拠が、

「常にマーケットが変化しているから」

　だけであったら弱い。よほど相手との関係ができていない限り、「決め手に欠ける」「それだけのために勉強会を定期開催する必要があるか？」と言われてしまうだろう。上司の決断を後押しできないのだ。

　だから、**ピラミッドストラクチャーでは１つの結論に対して３つの根拠を用意する。**

　そして、その根拠の詳細についても１つだけだと心もとない。

「プロダクトＢのマーケットが昨年に比べて20％広がっているんです」

　これだけなら、

「プロダクトＢのためだけに、何度も勉強会を開くのか？」

　と言い返されてしまう。根拠の詳細も３つぐらい用意するのだ。したがって根拠が３つあり、根拠の詳細も３つあるから、次のように「１×３×９」がピラミッドストラクチャーの基本構成になる。

(1) 結論
 (2) 根拠 1
  (3) 詳細 1 ／詳細 2 ／詳細 3
 (2) 根拠 2
  (3) 詳細 1 ／詳細 2 ／詳細 3
 (2) 根拠 3
  (3) 詳細 1 ／詳細 2 ／詳細 3

　ピラミッドの頂上に「結論」があり、それを支える「土台」が、これほどまで末広がりになっている。この構造を意識すれば説得力が高まっていくのは当然だろう。

ピラミッドストラクチャーで企画書を作る

　ピラミッドストラクチャーは日常的に使えるフレームワークだ。これから企画書作りを例にとって解説していこう。
　結論は「定期的にマーケティング勉強会を開催すべき」で、その根拠は次の 3 つとしよう。

(1) 常にマーケットが変化しているから
- プロダクト B のマーケットが昨年比で20％広がっている
- プロダクト E のマーケットが年々 5 ％の割合で縮小している
- プロダクト F はターゲットとしているマーケット以外から30％ほど購入されている

（2）競合のマーケティング手法を研究するため

- ライバルW社がSNSを積極活用して売上を伸ばしている
- ライバルX社がCEOレターを利用し新規開拓を進めている
- ライバルZ社が動画配信で見込み客発掘に力を入れている

（3）自社のマーケティング成果を検証するため

- 毎月WEBサイトのアクセス解析と問い合わせ数を検証するべき
- 3か月に1回開催する展示会の成果を検証するべき
- 毎月のメルマガによるキャンペーン告知の成果を検証すべき

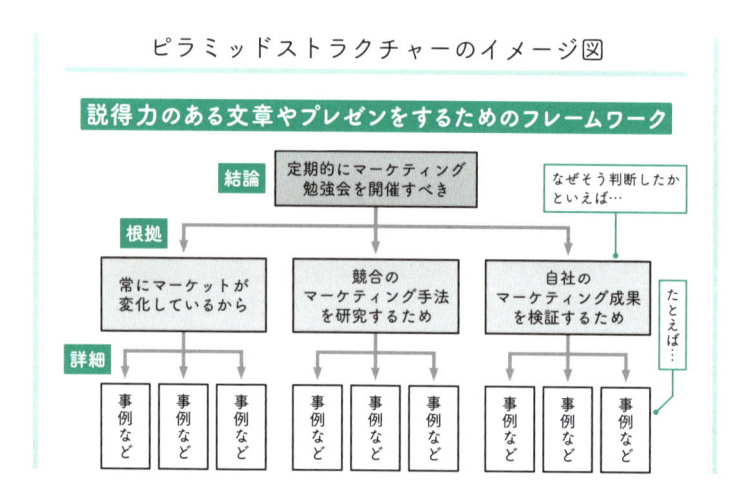

ピラミッドストラクチャーのイメージ図

　これらの情報を図解などを用いてプレゼンし、その結論として、「定期的にマーケティング勉強会を開催すべきである」と提案すれば、上司は、「すぐにやるべきだ！」と即決するだろう。説得力がありすぎて、反論の余地がないからだ。

ピラミッドストラクチャーで資料作成するコツ

　資料作成するときは、ピラミッドストラクチャーを積極的に活用しよう。そのときのコツを3つ紹介する。

(1) 結論をいちばん目立たせる
(2) 根拠はシンプルに箇条書きする
(3) 詳細は図表で表現する

　まず結論だ。資料を見た瞬間パッとわかる場所に書いておこう。**プレゼンのときだけでなく、資料においても「結論ファースト」でなければならない。**

　次に、3つの根拠を箇条書きする。詳細は別途記すわけだから、シンプルに書いたほうがいい。

　最後の詳細は、文章にすると長くなることも多いのでわかりやすい図表にするといいだろう。そうしたほうが読み手の記憶に残りやすい。

　ちなみに、当社がピラミッドストラクチャーで資料を作るときは、テンプレートを用いる。「結論」「根拠」「詳細」を入力するボックスがあらかじめ用意されたテンプレートだ。大きさの決まったボックスがあることで、文字数も制限される。ピラミッド全体が美しくなる。

📋 「ピラミッドストラクチャー」を身に付けるための私の学習法

　最後に、私が「ピラミッドストラクチャー」を使った事例を紹介する。講演資料、提案書を作るときにはよくピラミッドストラクチャーを利用するが、それよりも圧倒的に多いのがビジネスメールを書くときだ。

　その際は、ピラミッドストラクチャーのような「1×3×9」のスタイルを用いない。とても長い文章になってしまうからだ。そのため、**ピラミッドストラクチャーを簡易化した「1×3×3」スタイルを使う**。「1つの根拠に対して1つの詳細」のみに留めて解説するのだ。

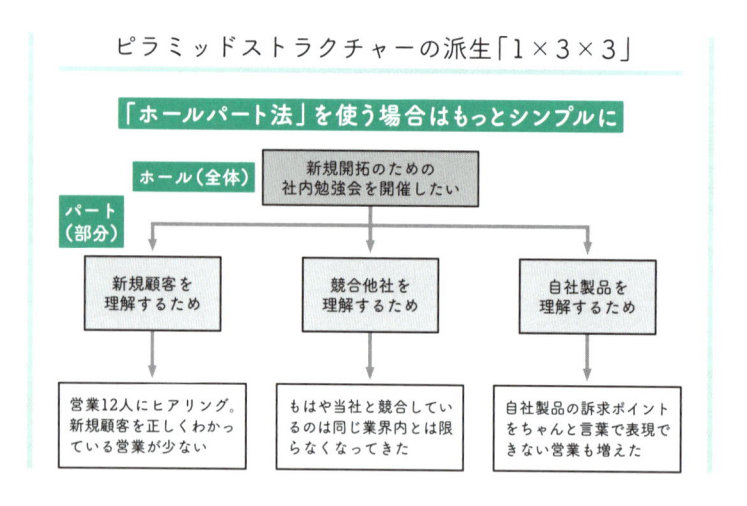

ピラミッドストラクチャーの派生「1×3×3」

「ホールパート法」を使う場合はもっとシンプルに

ホール（全体）　新規開拓のための社内勉強会を開催したい

パート（部分）

新規顧客を理解するため	競合他社を理解するため	自社製品を理解するため
営業12人にヒアリング。新規顧客を正しくわかっている営業が少ない	もはや当社と競合しているのは同じ業界内とは限らなくなってきた	自社製品の訴求ポイントをちゃんと言葉で表現できない営業も増えた

　たとえば、あるお客様に紹介した商品があったとしよう。そのことをビジネスメールで表現してみる。

　まずは次のように、最も伝えたいこと（結論）をいちばん初

めに書く。

「こちらの商品Aが御社が抱えている課題を解決します」

　次に、なぜこの商品がお客様の課題を解決するのか。その「根拠」を3つ提示する。「なぜそう判断したかと言いますと」といったお決まりの接続詞を使うといいだろう。

「なぜそう判断したかと言いますと、理由は3つあります」

　この3つの根拠は、ワンセンテンスで終わるぐらい短くして箇条書きしよう。以下のような感じだ。

(1) CO$_2$排出量を年間30％削減します

(2) 新入社員でも取り扱いが簡単です

(3) 価格が業界平均と比べ3割も低いです

　そして最後に「詳細」を深堀りして書く。

「まず当社の商品を導入することで、CO$_2$排出量が年間30％以上削減できます。これは過去4年間の導入企業の平均値ですので、それ以上の効果が出ることもあります」

「次に取り扱いが簡単だということもアピールしたい利点です。新入社員でも3日間のトレーニングを受けるだけですぐに活用することができます」

「最後に価格です。資料を添付しましたが、他社の類似商品と比べて3割近くお安くなっています。宣伝広告コストを減らして実現した価格です」

　ここまで書くとかなり説得力があるメールとなる。3つの箇条書きを書くときは、次に示すフレーズから詳細を書き始める

ことをお勧めする。

- 第一に／第二に／第三に
- まずは／次に／最後に

👍 ワンポイントアドバイス！

　ピラミッドストラクチャーを自分のものにするためには、できる限りメールを活用しよう。なぜなら、ビジネスチャットだと形が崩れやすいからだ。ビジネスメールのほうがピラミッドストラクチャーの様式美とマッチしていて練習には最適だ。

　メールの初めに結論を述べ、その後に根拠や詳細を展開することを心掛ける。

　それだけでピラミッドストラクチャーへの理解を深める第一歩となる。

**トップコンサルタントが
日々実践している**

「ヒューマンスキル」
勉強法

09 心を掴む話し方を習得する

ストーリーを使って相手をひきつける 伝え方「ストーリーテリング」

※ポータブルスキル【人との関わり方：社内対応】に対応

理屈が通じない人の心を掴む話し方

「言ってることは正しいが、あなたから言われると、なぜかやりたくなくなる」

コンサルタントになった当時、こう指摘されることが増えた。

コンサルタントが人を説得する際、論理的に話すことが多いせいだろう。このときに使う代表的なフレームワークが前述の「ピラミッドストラクチャー」だ。結論ファーストで話すことで聞き手の頭が整理される。だからこのフレームワークを使うと説得力が高くなる。

しかし、**どんなときでも論理的に話したら相手を動かすことができると思ったら大間違い**だ。

「理屈っぽい」

「鼻につく」

こう言われことも多くなる。人間はコンピュータとは違う、感情の生き物だ。入力データが正しくても動かないときはあるし、反対も然り。理屈に合わないことを言われても動き出してしまうのが人間だ。

そこで今回は、ストーリー形式で話す（「ストーリーテリング」）のスキルについて徹底解説していこう。このスキルを身に付け磨くことで、メンバーやお客様の心をがっちり掴めるようになる。

物語で話す「ストーリーテリング」の方法

ストーリー形式で話すことは相手の心を動かす際に効果的だ。情熱をもって伝えたいことがあるときはうまく活用しよう。物語で話したほうが感情を込めやすくなる。

では、ストーリー形式で話すにはどうしたらいいのだろう？それを解説する前に、そもそも「物語」とは何なのかについて簡単に触れたい。

物語は時間の流れに沿って表現されることが特徴で、聞き手に情緒的な感動を与える作用がある。

相手に事実を伝えるだけであれば、あえてストーリー形式にしないほうがいい。「経歴」や「年表」のように時系列に事実を羅列するだけで事足りる。

複数の登場人物が出てきたり、状況描写を細かく表現するのは、相手の心にさざ波を起こすことが目的だからだ。したがって、誰が聞いても心が動かされないような内容であれば、物語としての力がない、またはその必要がないと言えよう。

話を戻して、それではどうしたら相手の心を掴む物語を作ることができるのだろうか？

「ストーリー形式」で話すために外せないポイント

　ストーリー形式で話をするには、3つのポイントを押さえておこう。

(1) 背景の描写

　まずは背景の描写だ。**物語に味をつけるには、奥行きをつけなければならない。**そのためには、丁寧に背景を語ることだ。

　なぜその人と出会ったのか。その学校に通った目的は？　家族構成や組織における特殊な事情。新しい商品を開発せざるを得なくなったいきさつとは？　数字と固有名詞を使ってバックボーンを丁寧に話せば、聞き手の頭に鮮明なイメージが描かれるだろう。

(2) ターニングポイント

　次に重要なのは、ターニングポイントだ。物語には必ず思いがけない「重大な転機」が訪れるもの。それをきっかけに話が予想外の方向へ進んでいく。起承転結でいうなら「転」の箇所だ。想定外のことが起きて、方向転換を迫られた話などは必ず盛り込んだほうがいいだろう。

　一本調子、順風満帆の物語など聞いたことがないし、誰も聞きたくない。なぜならウソっぽいからだ。

①新しい挑戦 ➡ ②素晴らしい出会い ➡ ③驚くほど成功

こんな物語など、誰の心も揺さぶらない。だから何らかの想定外のこと、予期せぬ出来事を物語の中に入れよう。

ストーリー形式で話すときの３つのポイント

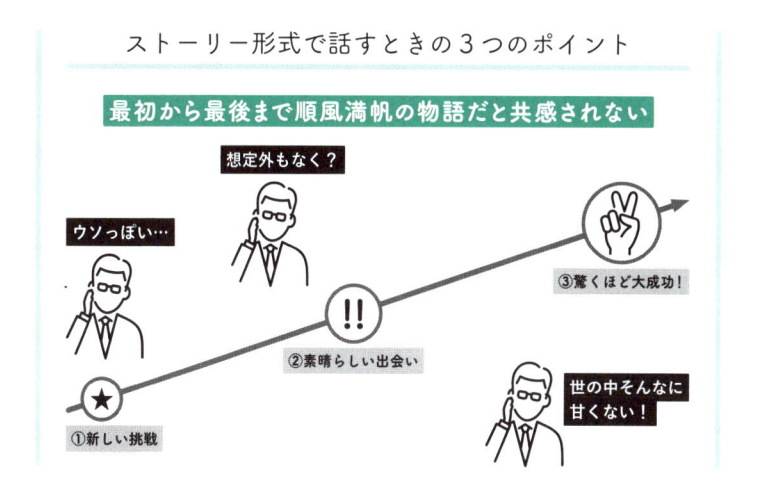

最初から最後まで順風満帆の物語だと共感されない

想定外もなく？

ウソっぽい…

!!

③驚くほど大成功！

②素晴らしい出会い

①新しい挑戦

世の中そんなに甘くない！

ただし、そのまま「失敗」を入れてしまうと、単なる「オチのあるストーリー」になってしまう。

①新しい挑戦 ➡ ②素晴らしい出会い ➡ ③まさかの大失敗

相手と関係を作りたいときにあえて自分を落とす物語をするのはいいだろう。自分の成功談ばかり話す人は共感されにくい。

ただ、組織メンバーを鼓舞したいときやお客様に商品を紹介したいとき、採用面接で自分を売り込みたいときには使えない。

その出来事をきっかけに物語が大きく動き始める。そうなってはじめて、その出来事がターニングポイントとなる。ウソはいけないが、そのような出来事がなかったかしっかりと思い出

し、多少の飾りつけをする。そしてこのようなターニングポイントを1か所か2か所は入れてみる。

「かつてのクラスメイトに同窓会で馬鹿にされた。あれがターニングポイントだった」

「お客様から呼び出され、こっぴどく叱られた。あの悔しい出来事がなければ、この商品はできあがってなかったと思います」

このように話すことで、相手の関心は一気に高くなる。

物語は単なる直線で描かれない。なだらかな曲線でもない。カクカクした折れ線になるのが普通だ。だから**最終的に成功する物語でも、一回は落としたほうがいい。**

①新しい挑戦 ➡ ②素晴らしい出会い ➡ ③想定外の連続・挫折 ➡ ④突然のチャンス到来 ➡ ⑤なんと大成功！

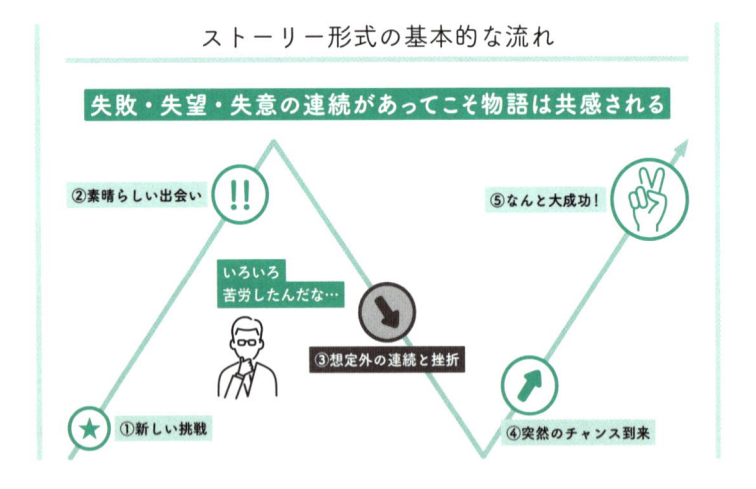

ストーリー形式の基本的な流れ

失敗・失望・失意の連続があってこそ物語は共感される

②素晴らしい出会い !!

いろいろ苦労したんだな…

③想定外の連続と挫折

⑤なんと大成功！

④突然のチャンス到来

①新しい挑戦

(3) 葛藤と衝突

最後に絶対不可欠な要素「葛藤と衝突」を紹介する。

物語には、必ず思いがけない事件・出来事が発生する。だから主人公は葛藤を覚えるのだ。そして信念を貫くために、周りの人たちと意見が衝突することもある。というか、それがなければ物語は成立しない。「大変でしたが、みんなで協力し合って乗り越えました」では、誰の心も揺さぶらないのである。

人は誰でも、理不尽なことがあってもそれを乗り越えようとする人を応援したくなるもの。

だから、そういった経験をキチンと言語化してみよう。

『スター・ウォーズ』の物語性を活用する伝え方

物語調で話すフォーマットとして有名なのは「ヒーローズ・ジャーニー（英雄の旅）」である。

2024年の時点で累計興行収入が103億ドル（1.4兆円）までにいたった『スター・ウォーズ』シリーズ。この『スター・ウォーズ』の物語を考える上で避けて通れないのが、「ヒーローズ・ジャーニー（英雄の旅）」という概念だ。

「ヒーローズ・ジャーニー」とは、NLP（神経言語プログラミング）で提唱される概念の1つ。『スター・ウォーズ』の生みの親であるジョージ・ルーカス氏は、この概念から影響を受けて物語を製作したと言われている。

「ヒーローズ・ジャーニー」を構成するのは次の8つのステップだ。流れに沿って一つ一つの視点を解説していく。

（1）Calling：ミッションを受ける

　物語の始まりでは、いつも何らかの「ミッション（使命）」を受けるところから始まる。誰かから言い渡されることもあれば、自分自身でひらめくこともある。**ビジネスでいえば、何のためにこのプロジェクトを始めるのか。どのような目的で新しい事業をスタートさせるのか。**この背景についてしっかりと説明しよう。そうすることで聞き手をグッと惹きつけることができる。

（2）Commitment：旅の始まり

　何らかの事情でミッションを受けとめたら、第一歩を踏み出さなければならないがこれが難しい。ビジネスでもそうだ。新しいことへのチャレンジは、地図も持たずに荒野へ突き進んでいくようなものだから。

（3）Threshold：試練

　新しい世界に一歩を踏み出せば、いろいろな壁にぶち当たる。これまで身に付けたスキル、経験では乗り越えられないような壁に遭遇する。相当な葛藤を覚えることだろう。しかし、この試練から逃げ出したら誰もその主人公を「ヒーロー（英雄）」とは呼ばない。**数々の葛藤と衝突を乗り越え成長するから、聞き手のハートを掴む**のだ。最初のターニングポイントである。

（4）Guardians：仲間や指導者との出会い

　試練は、必ず一人では乗り越えられない。だから必ず「師」「指導者」「メンター」と呼ばれる人が登場する。苦楽をともに

する仲間もだ。重要な転機（ターニングポイント）である。

大事なことは「途中からあらわれる」ということ。実のところどんなミッションも、完遂するには、本当の仲間、本当の指導者は、途中からあらわれるものなのだ。

(5) Demon：最大の試練

最も強大な敵があらわれ、主人公が絶体絶命のピンチに見舞われる。これがないと盛り上がらない。聞き手が最も感情移入し、主人公を応援する重要なシーンだ。

予想もしなかった出来事があれば、誰だってくじけそうになる。この転換点でどのような決断をするのか。物語のクライマックスと言えよう。どんなに反対する者がいても信念を貫き、試練に立ち向かおうとする。そういった主人公を巧みに表現できれば、聞き手はその物語に没入するに違いない。

(6) Transformation：変容

絶体絶命のピンチに陥っても、自分のハートに火をつけ、その試練を乗り越えたとき、当然大きな自己変容を感じる。**このミッションを通じて力強く成長した主人公（チーム）について詳しく描写しよう。** ミッション終了間際に味わった、大きな成長の実感をである。「ヒーロー（英雄)」になった瞬間だ。

(7) Complete the task：ミッション終了

ミッションを終了した主人公はこの物語を振り返り、この旅の意味を悟る。仲間とともにこの旅が自分たちにとってどんな

意味があったのか。どんなメッセージがあったのかを知る。ここもしっかり言語化すると聞き手は余韻に浸ることができる。

（8）Return home：帰還

　重要なエンディングだ。この物語（旅）を通じ、大きく成長した主人公が、元いた場所（家族や職場）へ戻っていく。大きく成長した主人公の姿を迎え入れる人たちの反応についても語れば、聞き手はこの物語に強い共感を覚えるだろう。

「ヒーローズ・ジャーニー」を構成する８つのステップ

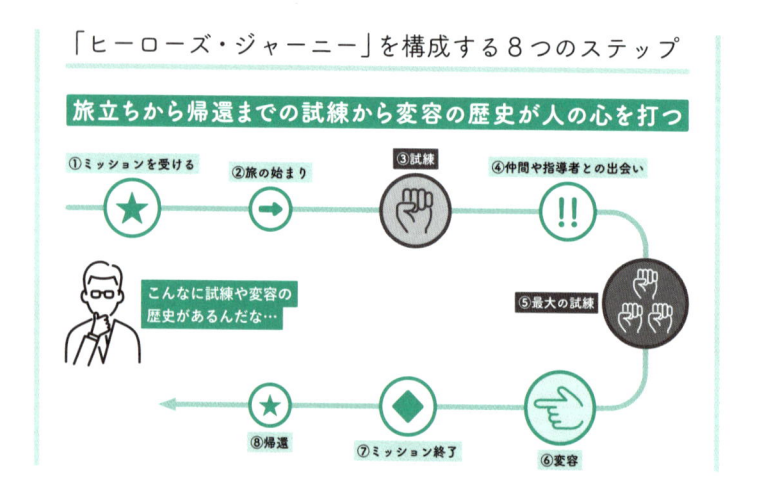

👍 ヒーローズ・ジャーニーを使った物語事例

　それでは実際にフレームワークを使って物語を作ってみよう。５分以内で話せる内容にしてみた。ステップごとに書いてみる。

(1) ミッションを受ける

A社の幹部3人が突然辞めることになった。さらに部長クラス2人も会社を去った。危機感を持った社長が経営を任せられる人材を探してほしいと管理部長に依頼する。

(2) 旅の始まり

管理部長は新卒社員の採用しか経験がない。管理部長は困り果て、部下3人とチームを結成した。何としても最低3人の幹部候補を採用するのだ、とメンバーを鼓舞した。

(3) 試練

ところが半年経っても、一人もエントリーがない。人材紹介会社をまわったが「そんな人材はなかなか見つからない」と言われてしまうだけ。管理部長もメンバーも途方に暮れた。

(4) 仲間や指導者との出会い

この管理部長が当社セミナーに参加したのは社長に命を受けて8か月が経過していたころだった。何の成果も出ておらず、困り果てていたので当社と契約をした。こうして採用支援プロジェクトが始まった。採用戦略を根本的に考え直すことで、エントリーが少しずつ増え、幹部候補になりそうな人材との出会いが増えていく。

(5) 最大の試練

しかし、最大の試練に見舞われる。最終面接まで残った人材

がことごとく入社を辞退するという事態になった。調べてみると、原因はなんと社長の高圧的な態度であった。社長は態度を改めようとしないため、ついに堪忍袋の緒が切れた管理部長が辞表を叩きつける。

（6）変容

　管理部長の退職は何としても阻止しなければならない。当社のコンサルタントが社長を説得し、管理部長を引き止めることに成功した。この出来事がきっかけで社長が改心し、「すべて私の責任だった。目が覚めた」と社長を辞任。管理部長が事業を承継し、新社長となったのである。

（7）ミッション終了

　新社長のもと、じっくり採用活動を続けた結果、２年で幹部候補３名の採用に成功。一人は採用のプロだったため、採用チームはその人材に託すことになった。

（8）帰還

　現在、若手からベテランまでコンスタントに優秀な人材を採用できるようになった。離職率も低く、順調に企業は成長している。

　真っ白な紙にペンで文字を書こうとしたら才能がない限りまったくアイデアは出ないだろう。しかし、このように８つのステップを意識して準備することで、それほど苦労することなく

ストーリーテリングできるようになる。

「ストーリーテリング」を身に付けるための私の学習法

　最後に、私が「ストーリーテリング」を使った事例を紹介するが、それは「常に」である。私たちコンサルタントは、クライアント企業ごとに異なる物語を持っている。だから私たちの仕事を説明するときは、どうしてもストーリーテリングを使うのである。

　ただし、よほどのことがない限り8ステップすべては使わない。簡略化するが (1) Calling (3) Threshold (6) Transformation の要素は必ず意識して使う。そのほうがクライアント企業にイメージしてもらえるからだ。当社のような無形商材を扱っている企業はストーリー形式で話す訓練は必須だろう。機能や投資対効果を伝えても多くの人はピンと来ないからだ。

ワンポイントアドバイス！

　ストーリーテリングするときは「旅」を意識しよう。

　物語というのは、直線的な「線」にはならない。蛇行したり、行ったり来たりすることも多い。大河のような「太い曲線」を描くこともある。物語は理屈が通らないことばかりが起こる。だからこそ情緒的なのである。

　どこに行くのかよくわからないような旅（ジャーニー）を意識してストーリーを組み立ててもらいたい。

10 共感力を習得する

「認知的共感」と「情動的共感」を鍛える 2つの秘訣

※ポータブルスキル【人との関わり方：社内対応】に対応

コンサルタントも身に付けるべき共感力とは？

「あなたは人の気持ちがわからない」

　このように言われたことがある人は共感力が低いと自覚しよう。実のところコンサルタント業界でこう言われる人は多い。**「お気持ちはわかりますが、リストラする以外に会社を救う方法はありませんよ」**

　相手の感情を考慮せず、正論を突き付けなければいけないケースがあるからだ。ある意味、職業病と言っても過言ではない。

　今回は「共感力」について徹底解説していく。今の時代、人と関係を築くためには不可欠なスキルだ。「あの人は、人の気持ちがわかる」「とても気配りができる」と思われるにはどうしたらいいか。2種類の共感を紹介しながら解説していく。

共感力がない人を一発で見破る方法

「共感力」を辞書で調べてみると次のように書かれている。
「他者の考えや意見にそのとおりだと感じたり、喜怒哀楽とい

った感情に寄り添うことができる力」

つまり、**いったんは相手の意見や感情を客観視し、受け止められるスキル**のことだ。自分に向けて投げられたボールをしっかり観察し、正しい構えでキャッチする。その上で、どのようにボールを相手に返すのか。キチンと状況判断するスキルが共感力だ。だから、**共感力がない人は一発でわかる。相手の言葉を鵜呑みにする**からだ。

「大丈夫か？」と聞いて、「大丈夫です」と答えたら、「大丈夫なのだろう」と思い込んでしまう。「本人が大丈夫と言ってるんだから、大丈夫に決まってる」と、このように決めつける人は、まさに「人の気持ちがわからない」と言っていい。口では「大丈夫」と言っていても、まったく「大丈夫じゃない」ときも多いのだ。

共感力をアップするための2つのステップ

それでは、どのようにすれば共感力は鍛えられるのか？

まずは相手の感情を正しく知り、理解することだ。しかし、そのためには次の2ステップを踏むことだ。

(1) 自分の感情を正しくコントロールする
(2) 相手の感情を正しく知る

たとえば、新しく入社した若者が連日いきなりレベルの高い仕事を任されていたとしよう。遠目から見ていると、かなり辛

そうな表情をしていた。すると、一人の同僚が次のように声を掛けた。

「大丈夫か？　大変だろう？　ムリしなくたっていいんだぞ」

　これは、自分の感情を正しくコントロールできていない証拠だ。注射を打たれている患者さんに近付き、「大丈夫？　注射は痛いよね？　痛かったらちゃんと言うんだよ」と言う看護師や医師と同じ。相手に自分の感情を押し付けるのだ。自分の感情を正しくコントロールできない人は、人それぞれ感じ方が違うことがわからない。自分のフィルターで、

「辛い思いをしているはずだ」「きっと喜んでいるだろう」

　と決めつけてしまう。こんな人が相手の感情を正しく知り、理解することはできない。だから、まずは自分の感情を正しくコントロールできるようになるべきだ。

最低限知っておきたい2種類の共感とは？

　自分の感情をコントロールするには「情動的共感」を制御する（低くする）ことだ。

　ここで2種類の共感について軽く解説しておこう。情動的共感と認知的共感だ。**情動的共感とは、相手の感情を自分の感情として写し取ること**を指す。情動的共感が高いと「相手の気持ち」になる。いっぽう**相手の感情を認知・理解することを認知的共感**と呼ぶ。認知的共感が高いと「相手の気持ちがわかる」ようになる。

　まとめると、こうだ。

- 情動的共感 ➡ 相手の気持ちになる＝（体）&（主観的）
- 認知的共感 ➡ 相手の気持ちがわかる＝（頭）&（客観的）

　情動的共感は「体」が反応する。今にも吐きそうな人を見かけたら、自分も気持ちが悪くなり吐きそうになってしまうのだ。相手を支援するどころではなくなる。反対に認知的共感は「頭」でわかる、ということだ。今にも吐きそうな人を見かけたら、「気持ちが悪いのかな」「歩くのも辛そうだ」と冷静に受けとめることができ、「涼しい場所に連れて行こう」と支援できる。

情動的共感とは？

情動的共感が強い人は相手の気持ち「になる」

　情動的共感は、人間の社会的な絆に重要な役割を果たす。悲しいと感じている人を見れば自分も悲しい気持ちになる。喜んでいる人がいれば自分も嬉しい気持ちになり、一緒に幸福感に浸ることができる。一般的には、情動的共感が高いほうが、「あ

の人は、人の気持ちがよくわかる」「気遣いができる、いい人だ」と思われるだろう。

しかし、**特定の職業においては、過度に情動的共感を持つことが業務遂行を妨げる。**医師や看護師はその代表例だろう。

コンサルタントも同じである。会社を存続させるには、社長に去ってもらわなければならないときもある。たとえ社長が苦労して成長させた会社であっても、である。そんなとき相手の絶望感、喪失感をまともに感じ取ってしまったら、とてもそのことを伝えることはできない。

だから**情動的共感を正しく制御する必要がある。**看護師が注射を打つとき、患者さんが受け取っている感覚や生理的反応を正しく観察するためだ。

認知的共感とは？

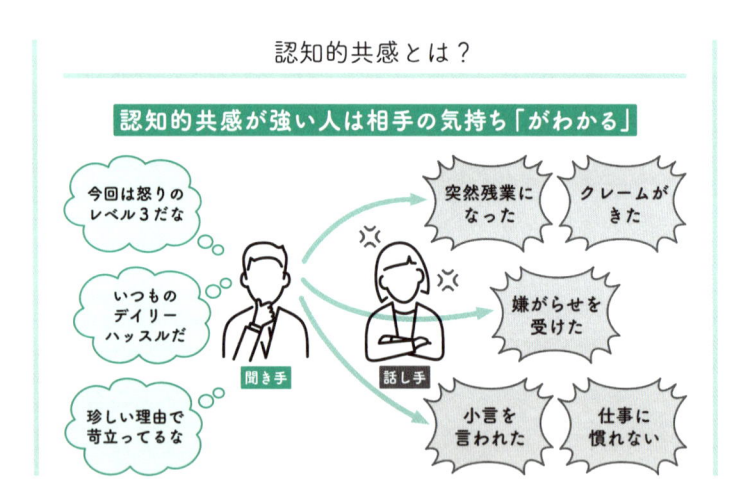

認知的共感が強い人は相手の気持ち「がわかる」

「情動的共感」をコントロールするトレーニング3選

情動的共感を制御するには、相手が受け取る感情や感覚に圧倒されてはいけない。そのための秘訣は以下の3つである。

(1) プロフェッショナルな距離の保持

第一に、**プロフェッショナルとして一定の距離を保つ**ことだ。相手に対して思いやりを持ちながらも心理的な距離を保つ訓練をする。「年上の部下だと、なかなか厳しいことを言えない」と言う人がいる。だが、それは情動的共感が高いせいだ。人生の先輩として敬うことは大事である。しかし上司として言うべき必要があるときは、相手が年上だろうが関係ない。プロフェッショナルとして一定の距離を保ちつつ、上司として言うべきことを言う。そうすることで、感情に圧倒されることなく冷静に対応することができる。

(2) 実践による習慣化

第二に、習慣化である。**「刺激馴化」という言葉があるように、最初は刺激だと感じていたことも繰り返すことで、刺激が刺激でなくなっていく。**最初は怖かった注射も何度も打つことで慣れていくのだろう。

私も20歳以上も年上の経営者に厳しいことを言うとき、最初は躊躇した。「こんなこと言われたら腹が立つだろうな」と想像したら言えなくなることもあった。しかし、長年同じことを繰り返していると平気になっていく。涼しい顔で厳しいことを言

っていると「サイコパス」と言われてしまうが、慣れてくれば
演技もできるようになる。

（3）自己管理スキルの向上

　最後に、自己管理スキルの向上だ。医療現場のみならず、人
の不幸や悲しい現実に向き合わなければならない業務を遂行し
ていると心身ともに疲れてくる。だから、定期的にマインドフ
ルネス瞑想をするなどしてリラックスしたり、趣味に没頭した
りしてリフレッシュする時間をとるべきだ。意識的にトレーニ
ングを積み重ねよう。そうしないと、自分の体の生理的反応に
よって、相手の感情を正しく理解できなくなるからだ。

感情を知るキー「ライフイベント＆デイリーハッスル」

　続いて相手の感情パターンを知るための手がかりを紹介する。
感情にはパターンがありそのパターンを知ることによって、
「ああ、こういうときってAさんはストレスを感じるだろうな」
「逆にBさんは、こういうときこそワクワクする性格だよね」
　と仮説を立てることができるようになる。そのパターンを知
るための鍵は次の2つである。

（1）ライフイベント

　1つ目がライフイベントだ。**相手のライフイベント情報をし
っかり掴んでおくことで、どのようなときに、どんな感情が動
くのかパターンを理解することができる。**ライフイベントとは、

就学、就職、結婚、出産、昇進、転職、リタイア、死などだ。

それほど大きな出来事でなくとも「新しいプロジェクトを任された」「部署が異動となった」「アパートに引っ越した」といったことでもライフイベントと表現していい。

不幸な出来事でない限り、事前に情報を得られるイベントばかりだ。結婚する。出産する。昇進するといったライフイベントがあれば、「やるべきこと」や「やりたいこと」が増えるし、いっぽうで「これまでやり続けたこと」「今後やりたいこと」が制限されるはずだ。だから感情が動くことが多い。

その感情の変化をつかまえると、相手の特性がよくわかる。次の例文2つを読んでみよう。

「郊外に引っ越しをされたそうですね。マイホームを建てたんですか？」
「そうなんです。これからが大変です」
「以前よりも大変ですか？」
「夫の両親と一緒に住むので、気を遣わなくちゃいけないから」
「それは大変ですね……」

しかし、別の感情を抱く人もいることだろう。

「郊外に引っ越しをされたそうですね。マイホームを建てたんですか？」
「そうなんです。とても楽しみです」
「何が楽しみなんですか？」

「夫の両親と一緒に住むんですが、子どもたちがすごくなついているので」
「へえ、そうなんですね……」

　同じライフイベントでも、どのような感情を抱くかは人それぞれである。「大変だ」と受け止める人もいれば、「楽しみだ」とワクワクする人もいる。勝手に決めつけることなく、ニュートラルな姿勢で相手の感情を洞察しよう。
　とくに年度が替わるタイミングは、いろいろなライフイベントが発生する。この時期は逃さずアンテナを張り巡らそう。

（2）デイリーハッスル

　2つ目がデイリーハッスルだ。デイリーハッスルは、数年に一度あるかどうかのライフイベントと異なり、日々しょっちゅう起こる「些細な出来事」を指す。
　ライフイベントと違って予測ができない。しかし日常的に起こるので情報が多く集まり、パターン分析するには手軽だ。
　仕事関係であれば、

- 満員電車がつらい
- 顧客からクレームがきた
- 上司から小言を言われた
- 突然残業を言い渡された

　家庭でのできごとなら、

- 夫が家事を手伝ってくれない
- 子どもが片づけをしない
- 夕食の準備が面倒だ

また、自分の体に関することなら

- 寝不足だ
- 体がだるい
- お腹が空いた

日常のちょっとした出来事だから、デイリーハッスルが原因でイライラしていると聞くと「そんな些細なことでイライラすんなよ」とまわりは言いたくなる。おそらく、これを読んでいるあなたもそう受け止めることが多いはずだ。

しかし、**デイリーハッスルによるストレスは意外と大きい。**ライブイベントよりも心身の悪影響が大きいという調査結果もある。つまりデイリーハッスルを理解できるということは、

「誰も理解してくれないのに、あなただけは理解してくれる」

と思われる可能性が高い、ということだ。最も手っ取り早く共感力を高めたいなら、デイリーハッスルを強く意識しよう。

相手の態度や言葉遣いを日々見ていて、

「どうしたんだろう？　何かあったのかな」
「今日は、いつも以上に気を遣おうかな」

と仮説を立てて接するのだ。そうすることで、

「この人はいつも私を気遣ってくれる」

「私のこと理解してくれるのは、この人だけだ」

となる。パターンさえ掴めば、何をすればイライラするのか、何によってやる気が生まれるのかを個人ごとに理解できるようになる。

「共感力」を身に付けるための私の学習法

最後に、私が共感力を高めるためにやっていることを紹介する。とても簡単なことだ。それは、**できる限り同じような体験をしてみる**ということだ。似た体験をしてみることで、相手の感情を「体」で覚えることができる。

私が以前よくやっていたのが、クライアント企業の営業と一緒にお客様を回ること。

「あなたは現場を知らないから、そんなこと言うんだ！」

と反発を受けていたので、営業とお客様を回った。オフィスから社用車に乗り、高速道路を使ってお客様の工場を回る。大きな工場だと手続きが大変だ。セキュリティチェックが厳しくて、工場内に入れないときもある。アポイントを取っていても、急な予定変更をされ無駄足に終わることも多い。

会議では、「1日3件じゃなくて、4件、5件回れ」と社長とともにハッパをかけていたが、同じ体験をし続けると、「訪問を1件増やすのも大変だよなあ」と体が反応してくるのだ。そうすると、相手への話し方も変わってくる。

以前は「ただ1件増やすだけでしょ？」とクールに言っていたが、同じ経験をしてからは相手の感情を受け止めつつ促すこ

とができるようになった。

「このコンサルタントは、私たちの苦労をわかって言っている」

　同じような話し方でも相手の受け止め方が変わってきたのだ。

　コンサルタントは頭でっかちになりがちだ。だからこそ私は、少しでも相手と同じ体験をしようと心掛ける。他部署の仕事を手伝ってみる。部下に任せていた雑務を自分でやってみる。一度も経験したことがない営業活動を体験してみる。売り場に立ってお客様と接してみる──。

　体験をすることで、頭では理解できないことを「体」で感じ取ることができるようになる。

ワンポイントアドバイス！

　同じような体験をしたことがないなら、「わかる」と言わないほうがいい。

「あなたに私の気持ちがわかる？」と質問され、不用意に「わかります」と答えてしまうと、「わかるわけないだろ！」と叱られるかもしれない。たとえ厳しく言われなくても、言葉が軽い、共感力が足りない、と受け止められる可能性が高い。

　いっさい家事や子育てを手伝わない夫が「妻の大変さがわかる」などと口にすれば、反感を買うのと同じだ。

　わかり合うためには、同じような体験をして情動的共感を磨くことだ。

　もし体験ができないのであれば、軽々しく「わかる」と言葉にしないほうが無難だ。

11 傾聴力を習得する

「アクティブリスニング」3つの心構えと2つのトレーニング方法

※ポータブルスキル【人との関わり方：社内対応】に対応

話すスキルより重要視される傾聴

コンサルタントはどちらかというと能動的だ。コーチのように受動的ではない。モレなくダブりなくデータを集め、分析し、問題を特定して、解決策を提案する。これがコンサルタントの仕事だ。だからか、プル型というよりプッシュ型というイメージを持つ人も多いだろう。実際にコンサルタント業界には弁が立つ人が多い。

ただ、コンサルタントの仕事相手は機械やコンピュータではない。いつも「人」である。理論が正しければ、クライアントが行動を変え、組織変革に動き出すとは限らない。

どんな仕事も同じ。人と人との信頼関係がなければ、物事は進まないのだ。もちろん合意形成なんてできるはずがない。

そこで、人と信頼関係を築くための「傾聴力」について、その力を身に付ける方法を学んでいこう。近年はとくに「アクティブリスニング（能動的傾聴）」が注目されており、「話すスキル」よりも重要視されている。

👍 あなたの傾聴レベルは？「傾聴レベルの5段階」

　最初にあなたに問いたい。ここ最近、「真剣に話を聞いてもらえたなあ〜」と心から思える経験はどれぐらいあっただろうか。話したいと思って話したら真剣に聞いてもらえた、という経験はあるだろうか。しかも「誰かに」ではなく、「この人に」話したいと思っている内容で、その「この人」が真剣に話を聞いてくれた体験はあるだろうか。意外と少ないのではないか。

　反対に、「真剣に話を聞いたなあ〜」という感想を持っている人は、けっこういるかもしれない。このように「じっくり話を聞いた」と思い込んでいる聞き手と「あまり聞いてもらえなかった」と思っている話し手の組み合わせは、とても多いのである。

　どちらが正しいかは、もちろん話し手の言い分だ。どんなに聞き手が「私は真剣に相手の話を聞いた」と主張しても、話し手が「話したいことの半分も話せなかった」という感想を持ったら、聞き手の傾聴力に問題がある。これは言い逃れができない。こういった認識のズレは上司と部下、営業とお客様、同僚同士、親子……など、いろいろな組み合わせで起こり得る。

　傾聴力を高めたいのであれば、話し手の言葉や反応を洞察しよう。次のようなことをよく言われるか、注意深く確認するのだ。

「いつも○○さんと話していると、時間を忘れてしまいます」
「○○さんと話していると、ついつい話し過ぎちゃいます」
「なぜか誰にも話したことないことを言えます。不思議です」

このように言われ、「本当にありがとうございました。また聞いてください」と感謝されたら、この人の傾聴力は本物だ。しかしながら、次のように言われることがあったら要注意。

「話したいことの半分も話せませんでした」

「いろいろ話したいことがあったんですが、もういいです」

「話しても意味ないんで。聞いてもらわなくてもけっこうです」

　日頃の行いを見直したほうがいいだろう。この「傾聴レベル」を１〜５まで表現してみた。ぜひ参考にしてもらいたい。

「傾聴レベル」の５段階

ビジネスパーソンはレベル４以上の傾聴力が不可欠			
レベル	聞き手の印象	話した内容について	話した時間について
5	心の底から関心を寄せて聞いている	思いもよらないことまで話してしまった	知らない間に時間が過ぎていた
4	先入観ゼロで聞いている	思いのほかいろんなことを話せた	時間について気にならなかった
3	何か提案しようと思いながら聞いている	思っていることはだいたい話せた	決められた時間で終わろうと思った
2	聞いているが関心なさそう	思っていることの半分ぐらいしか話せなかった	いつ切り上げようか考えていた
1	全然聞いていない	思っていることのほとんどを話せなかった	はやく切り上げたいとばかり考えていた

　ビジネスパーソンとしては、レベル４以上の傾聴力が必須と言えよう。

傾聴するためにやめる４つのこと

　たかが傾聴、されど傾聴である。そもそも「聞く」とは、1988

年当時の学者によると、「聴覚刺激を受け取り、注意を払い、意味を付与するプロセス」という定義だった。いっぽうケイト・マーフィ著『LISTEN——知性豊かで創造力がある人になれる』（篠田真貴子監訳、松丸さとみ翻訳、日経BP）には、対人という文脈において、

- 相手の頭と心の中で何が起きているのかを理解しようとすること
- 「あなたを気にかけているよ」と態度で示すこと

　こう記されている。現在一般的に使われる「傾聴」は、まさに対人関係を良好にするために使われるものだから、能動的な傾聴こそが現在の正しい定義と言える。
　傾聴には、一般的に次の2つに分けられる。

(1) パッシブリスニング
(2) アクティブリスニング

　パッシブリスニングとは、受動的な傾聴だ。聞いている最中に他事を考えていたり、次に自分が何を言おうかとばかり思いを巡らせている。そんな「心ここにあらず」の状態で傾聴しているのが「パッシブリスニング」である。
　いっぽうアクティブリスニングとは、能動的な傾聴だ。**先入観を持たず、相手に関心を寄せて傾聴する**ことだ。

パッシブリスニングの状態

雑念・先入観があるとパッシブリスニングになってしまう

- もっと頑張れ
- 雑念
- 問題解決欲
- どうやったらもっと効率よく仕事ができるかな…
- スキルが足りない
- 先入観
- 自我
- 昔の自分はどうだったか
- 聞き手
- 話し手
- ストレスがたまる
- 残業が多い
- やりがいはある
- 目標は達成している

　傾聴、つまりは「正しく聞く」ために気を付けるべきポイントは、次の4つをなくすことだ。

（1）雑念

（2）先入観

（3）自我

（4）問題解決欲

　まず、当たり前だが雑念があっては正しい傾聴などできない。リスニング試験を受けているときに「今日の昼は何を食べようかな」なんて考えながら聞いていたら0点だろう。傾聴も一緒だ。

　2つ目は先入観だ。先入観をゼロにするのは難しい。しかし意識して排除しよう。

「どうせ勘違いしているんだろう」

「きっとラクをしたいという話に違いない」

　こんな思い込みをしながら話を聞いていると、必ず相手に伝わる。だから話し手は途中で話す気がなくなるのだ。

　3つ目は自我である。自我を捨てて耳を傾けよう。そうでないと、どうしても「自分だったらこうするのに」「自分にはない考え方だ」といった思考ノイズが頭の中で増殖する。そうすると関心や好奇心を持って話を聞けなくなる。

　4つ目は問題解決欲である。提案欲とも言う。正直なところ、コンサルタントは職業柄、この欲望を捨てることがとても難しい。先入観や自我は捨てられても、問題解決欲が自動的に発動してしまうのだ。

「そんなに悩んでいるのなら、何とか解決したい。どうしたらいいんだろう」

「それが事実かどうか、客観的なデータを集めたほうがよさそうだ」

　アクティブリスニングするためには、話し手が抱えている問題や悩みを解消しようと思わないこと。目的は話し手に、

「真剣に話を聞いてもらえた。嬉しい」

　と感じてもらうことだ。だから傾聴すべきときは、完全傾聴モードに切り替えなければならない。

　スタンス合わせは傾聴のみならず、コミュニケーションの基本である。話し手が「私の話をじっくり聞いてもらいたい」というスタンスなのに、聞き手が「問題を抱えているなら解決してあげよう」というスタンスで受け止めてはいけない。

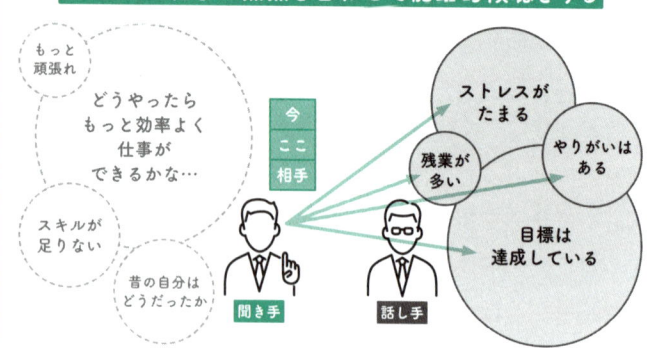

アクティブリスニングができている状態

今・ここ・相手に焦点を合わせて能動的傾聴をする

「アクティブリスニング」の心構えとトレーニング

アクティブリスニングする上で、絶対にはずせない心構えを3つお伝えする。この3つを必ず念頭に入れて日々話を聞くようにしよう。

(1) 2人きりの環境を作る

まずは環境づくりだ。**誰かに「話を聞いてほしい」と言われたら必ず2人きりの環境を作ろう。**他のメンバーがいたり、飲み会の席の最中にアクティブリスニングはできない。

話し手もまわりが気になって心をオープンにすることができないだろう。

(2) 体を相手に向けて姿勢を整える

次に姿勢である。アクティブリスニングできる環境が整ったら、しっかり体を相手に向けよう。膝を相手に向けることを意識するだけでいい。そして姿勢を整えるのだ。当然、足を組んでのけぞったりしない。

(3) ノイズ発信機をすべて遮断する

最後に、スマホ、パソコンなどを触っている最中なら、それらはすべて見えないところに置こう。単にスイッチを切るだけではいけない。鞄の中やデスクの引き出しにしまうのだ。それができないなら、別の場所へ移動する。読みかけの本があれば閉じてしまう。テレビがついていたら消して別室に移動する。

完璧にはできなくても、できる限り気が散りそうなノイズ発信機が目に入らないようにすることだ。

次にトレーニングする上でのポイントをお伝えしよう。

アクティブリスニングには「共感的理解」「無条件の肯定的関心」「自己一致」の3原則を守ることが重要と言われる。しかし、これらの原則を守るにはどうしたらいいかわかりづらい。

だからアクティブリスニングするときは、次の2つのポイントを意識するのだ。

(1) 絶対肯定リアクション

最初にリアクションだ。話し手に対して理解したい、共感したいと思っても、それが伝わらなければ意味がない。相手に伝

えるためには、わかりやすい情報を与えることが何よりも大事。

　相手の感情を迷わずに絶対肯定するリアクションを見せよう。話し手が悩んで苦しんでいるのなら、

「そんなことで悩むなよ」

「私なんてもっと大変なんだから」

　などと思わない。肯定して「それは苦しいよねえ」という表情を見せるのだ。楽しいことを見つけて喜んでいるのであれば、

「そんなことで面白がるな」

「何が楽しいのか、さっぱりわからない」

　といった自分の価値観でフィルターをかけない。絶対肯定して演技でもいいから楽しそうな表情をする。そうすれば、聞き手は「この人はわかってくれる」「もっと話したい」と感じるようになるのだ。

　絶対肯定リアクションを続ければ、話し手の心情をしっかりと受け入れられるようになる。「共感的理解」「無条件の肯定的関心」の原則が守られることになる。

（2）素朴な質問

　何でもかんでも「うんうん」「へえ」「そうなんだ〜」「なるほどねェ」と話を聞いていたらロボットと同じである。しばらくすると話し手はだんだん不安になってくるだろう。

「この人は機械的に頷いてないか？」

「テクニックで傾聴してる？　実は私の話なんて興味ない？」

　話し手がこのような疑問を持ったら「自己一致」の原則が守られていない証拠。自己一致とは、聴き手と話し手の双方に真

摯な態度を示すことだ。話し手をありのままに受け入れるには、偽りのない自分自身を受容することが大事と言われている。

　そのため、疑問に思ったことは積極的に質問してみよう。次の例文を読んでもらいたい。

【自己不一致のケース】

話し手：「本を読んでいるのにスキルが上がらないんです」

聞き手：「へえ、そうなんだ」

話し手：「月に５冊も読んでるんですよ」

聞き手：「そうなんだ」

話し手：「読書なんて意味がないのかなァ」

聞き手：「それは残念だね」

【自己一致のケース】

話し手：「本を読んでいるのにスキルが上がらないんです」

聞き手：「へえ、そうなんだ」

話し手：「月に５冊も読んでるんですよ」

聞き手：「え、５冊も？」

話し手：「そうなんです。なのに成長してる実感がありません」

聞き手：「どういうこと？　読んでる本の問題？」

話し手：「でしょ？　普通、疑問に思いますよね？」

　自己不一致のケースを読んでもらえばわかるとおり、機械的にリアクションをしていると、話し手はどんどん心を閉ざしていく。だから絶対肯定リアクションだけではなく、素朴な疑問

を覚えたら、その都度質問してみよう。

「素朴な疑問だけど、どんなスキルを身に付けたいの？」

「ちなみに、いつもどこで本を買ってるの？」

このような質問が関心をもって傾聴している、というメッセージになるのだ。適度に質問も混ぜていこう。

👍 「アクティブリスニング」を身に付けるための私の学習法

最後に、私が「アクティブリスニング」を使った事例を紹介する。私が活用するときは、「瞑想的な傾聴」を心掛けている。『LISTEN──知性豊かで創造力がある人になれる』には、傾聴を「瞑想」のようにとらえると良いと記されている。「瞑想では自分の呼吸やイメージに意識を集中させますが、聞くことにおいては話し手に意識を集中させます」とある。瞑想の基本は「今」「ここ」「自分」に焦点を合わせること。だからこそ、自分の呼吸や手や足の温かみ、下腹部に感じる重みなどに意識を向ける。

過去の自分の行いや、このあと1時間後に自分が何をすべきか。家族が、部下が、お客様が、何をしたのか、何をしようとしているのかについて思いをはせるべきではない。

アクティブリスニングする場合も同様だ。私は次の3つに焦点を合わせて傾聴する。

- 今　　・ここ　　・相手

過去のことや未来のこと。別の場所で起こっていることや自分や他の人のことに意識を向けないようにする。もし、そうなりかけたら「今」「ここ」「相手」へ再び気持ちを切り替える。

そうしないと、人の話を聞いていても「上の空」になってしまう。当然、話を聞いているようで、重要な部分を聞き逃す。だから「瞑想的な傾聴」を私は心掛けるようにしている。

🖐 ワンポイントアドバイス！

傾聴は大事だが、聞く相手を間違えると不幸になる可能性もある。気を付けて傾聴しよう。

傾聴は、相手に「与える」行為だ。自分の時間、意識、好奇心を完全に奉仕しようとするからこそ、話し手は心をオープンにする。だからこそ注意が必要だ。

心理学者アダム・グラント著の『GIVE & TAKE：「与える人」こそ成功する時代』（楠木建監訳、三笠書房）には、ギバー（惜しみなく与える人）、テイカー（自分の利益を優先して奪う人）、マッチャー（損得のバランスを考える人）の３分類が紹介されている。そして「成功するギバー」になるためには「テイカー」を相手にしないこと、と本書では釘を刺している。無邪気に搾取する人にまで与えてしまうと、不幸になっていくからだ。

「テイカー」は、「話を聞いてくれた以上、こちらの考えを理解してくれたと思い込む」「私の考えを理解し要求も呑んでくれると思い込む」。こういう「テイカー」の話にまで丁寧に聞いていたら利用される可能性がある。相手を選んで傾聴しよう。

12 質問力を習得する

質問の3大機能を知り
「質問の質」を鍛える

※ポータブルスキル【人との関わり方：社内・社外対応】に対応

質問は人生を変える！

「質問」が人生を変える——とはよく言われることだ。私たちコンサルタントは、確実に「質問力」を問われる。質問力が高いことで、有益な情報を効率よく手に入ることができる。それだけでなく、頭が整理できるようになったり、新しい発想を思いいたりすることもできる。まさに**質問とは、魔法のコミュニケーション技術**なのである。

そこで、「質問力」の身に付け方について徹底解説していく。まずは絶対にやってはいけない5つのダメ質問を紹介する。次に質問の3大機能を説明しつつ、どのように質問力を高めるのか、メモのとり方など、その秘訣を余すところお伝えしよう。生成AIの時代には不可欠なスキルでもある。

著しく信頼を落とす5つのダメ質問とは？

コンサルタントという職業柄、自分で質問することも多いが、質問されることも非常に多い。一般のビジネスパーソンより知

識や経験が豊富だと見られるからだろう。それに私はテレビや雑誌など、メディア取材を受けることも多く、いつも痛切に「もっと質問力を鍛えてほしい」と感じている。

大変失礼ながら、「そんな質問されても、いったい何を答えたらいいかわからない」と思うのだ。面と向かって話しているのなら、「つまり、こういうことを知りたいのですか？」とこちらから質問することができる。しかし、アンケートや書面に書かれている場合は、質問者の真意を知ることができない。自分なりの解釈で質問に答えるしかないのだが、期待に応えられているかどうかいつも不安に思う。

このように質問力が足りないと、**期待した情報や知識を効率的に手に入れられない**。それどころか信頼を失ってしまうこともある。だから最低限の知識は身に付けておこう。そこで私の経験も踏まえ、代表的な5つのダメ質問をお伝えする。質問力をアップする前に、まずこの5つだけを覚えよう。

(1) 疑問に思ったことをそのまま質問する
(2) 質問する相手を間違える
(3) 考えればわかることを質問する
(4) 調べればわかることを質問する
(5) 抽象的なことを質問する

それでは1つずつ紹介しよう。第一に「疑問そのまま質問」である。
「どうして空は青いんだろう？」「なぜ飛行機は落ちないんだろ

う？」と、このように何となく疑問に思ったことをそのまま口にしてしまう人がいる。幼い子どもならともかく、ビジネスパーソンが、

「課長、なんで売上が上がらないんでしょうね？」

と無邪気に質問してきたら、あなたはどう感じるだろうか。

このような「疑問そのまま質問」をしてばかりいると「深く考えるクセがない」とレッテルを貼られるだろう。

そもそも質問は作るものだ。とくにビジネスにおいては、丁寧に質問を作るクセをつけなければならない。いったん自問自答した上で質問を加工してみよう。

「なんで売上が上がらないんでしょうね？　新商品が出るたびに一時的に売上はアップしたのに、今回はその兆が見えませんよね？」

このように質問すれば、質問された相手もそれほど困ることはないだろう。

第二に、「聞く相手を間違えている質問」だ。

「課長、企画会議のダンドリをしてくれと部長に言われています。どうしたらいいんですか？」

質問する相手を間違えると、「それ、私に聞くこと？　部長に聞けよ」と突っ込まれる。聞きやすい相手ではなく、誰に聞くと一番いいのか、いつも考えるクセを身に付けよう。

第三に、「考えればわかる質問」だ。質問したあとに、「私に聞く前に自分で考えたのか？　考えてから質問しなさい」と注意されたことはないだろうか。

「言われてみればそうですね」

「よく考えたらそうでした」

　こういう口ぐせがある人は気を付けよう。考える習慣が足りないのかもしれない。質問する前に、**自分で考えればわかることかどうか自問自答するクセをつけるべき**だ。

　第四に、「調べればわかる質問」だ。考えてもわからないことはたくさんある。経験が足りない、知識が不足していると、うまく考えられないことはある。しかし調べればわかることは、自分で調べておこう。お客様に対してもそうだ。

「御社が今、最も力を入れている商材は何でしょうか？」と質問し、「ホームページもチェックせずに当社に来たんですか？　ホームページや当社のパンフレットを見たらそれぐらいわかると思いますが」とダメ出しされたらマズい。**いい質問をするためにも、事前準備をしっかりしておこう。**

　第五に、「抽象的すぎる質問」だ。**「ぼんやり」した質問だと焦点がぼやける。** なので、「何を答えたらいいわけ？」と相手は受け止める。代表的なのは、

「最近、いかがですか？」

「何か困っていることはありますか？」

　こういった質問だ。「何かトピックある？」と聞かれたら、「トピックと言われても……」と質問されたほうは戸惑うだろう。

「先月17日に展示会に出品されていましたが、来場者の方々の反応はいかがでしたか？」

　こう質問したら、しっかりとピントが合う。「先月の展示会ですか。けっこう人が集まったんですが、狙ったお客様が少なかったですね」と、相手も答えやすいだろう。

知らないと恥ずかしい！ 質問の3大機能

質問力をアップするには、質問の3大機能を押さえておくことだ。機能を押さえながら質問することで、おのずと質問力がアップする。それでは、質問の3大機能とは何だろうか。

（機能1）知らないことを知る

最初に説明するのが「知らないことを知る」だ。質問の超基本だが、多くの人がこの機能を正しく使えていない。質問する前には必ずやってほしい。それが次の2つのステップだ。

（1）私はそのことを本当に知らないのだろうか？
（2）そのことを一番知っているのは誰だろうか？

たとえば、「当社の社長は今後についてどう考えているんだろう？」と、ふと疑問を感じたとする。そのことを知りたいと思うのはいい。ただ。それを隣にいる同僚にいきなり質問するのではなく、まずは自分で考えるのだ。
「果たして、そのことを私は知らないのだろうか？」このように自問自答することで、「社長の年初の挨拶」「社長の朝礼での一言」「社長が経営会議で話していたこと」などを思い返すだろう。「忘れていただけで、社長が今後どうしたいかは意外と知っていた」と疑問は解消されることになる。
このように、実は知っているのに質問してしまうことは多い。自分の記憶をたどり、思い返す回数が多いほうが記憶を保持す

る力が鍛えられる。なので、むやみやたらと質問すべきではない。

そして、**自問自答してもまったく見当がつかない場合は、「そのことを一番知っているのは誰か？」を考える。**

たとえば「マーケティング」について知りたいと思ったら、誰がその分野のプロなのかを思い浮かべてみよう。人に質問する場合もあれば、本で調べる、ネットで調べる方法もある。しかし、いずれにしても「そのことを一番知っているのは誰か？」という問い掛けはすべきだ。

いくら本の著者であっても、その著者が一番知っているとは限らない。ネットニュースでも、SNSでもそうだ。「そのことを一番知っているのは誰か？」という問い掛けをし、仮説を立てた上で質問するクセをつけよう。

質問の３大機能①　知らないことを知る

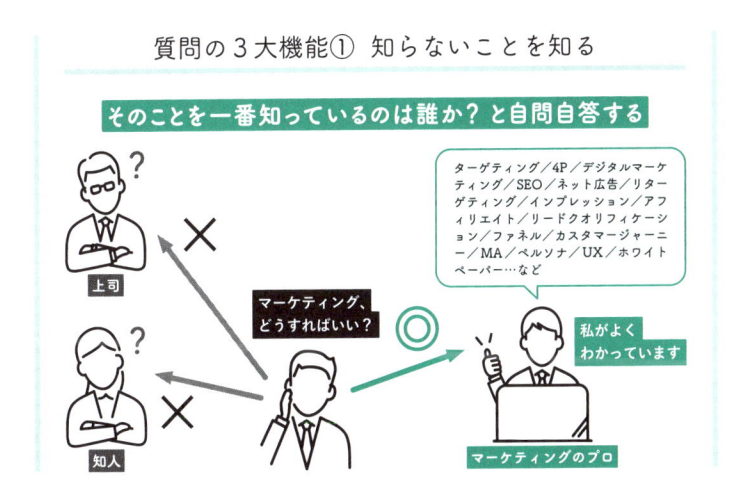

そのことを一番知っているのは誰か？　と自問自答する

マーケティング、どうすればいい？

上司　？　×
知人　？　×

私がよくわかっています

マーケティングのプロ

ターゲティング／4P／デジタルマーケティング／SEO／ネット広告／リターゲティング／インプレッション／アフィリエイト／リードクオリフィケーション／ファネル／カスタマージャーニー／MA／ペルソナ／UX／ホワイトペーパー…など

（機能2）相手に考えてもらう

　2つ目は、相手に考えてもらう機能だ。先生が生徒に、上司が部下に少し考えてもらいたいときなどに使う。たとえば、相手が主体的に問題解決してもらいたいときだ。

「お客様からパンフレットがわかりづらいと言われている。このキャッチコピーをもっとシンプルに書き直してくれ」

　と言うのか。それとも、質問で考えさせるのか。

「お客様からパンフレットがわかりづらいと言われている。何が問題なんだろう？」

「うーん……。そんなにわかりづらいでしょうか」

「作った私たちは、当然わかりづらいとは思わないよな」

「もう少しシンプルにしましょうか」

「ゴチャゴチャと書きすぎたかな」

「音読するとわかります。確かにキャッチコピーが長いので、わかりづらいかも」

「書き直してくれるかな？」

「わかりました。もう少しシンプルなキャッチコピーにしてみます」

　答えがわかっているなら、相手に考えさせる必要はないかもしれない。答えをそのまま伝えたほうがはるかに効率的だ。しかし、それをずっとやっていると相手の考える力を成長させられない。

　営業がお客様と交渉するときなどにも使う。こちらが提案するよりも、お客様自らが答えを見つけてもらうほうがはるかに理解力、納得感が上がる。

「業務効率化を促すには、デジタル化をもっと推し進めたほうがいいですよ」と提案するよりも、自分の口からそれを言わせたほうが納得感が高くなる。

「業務効率化を促すには、どうしたらいいとお考えですか？」

「そうですねぇ……。やっぱりデジタルの力を借りないと、いけないですよね。これまでの古いやり方に固執していてはいけないですよね」

長期的な視点で考えると自分の考えを押し付けるよりも、質問し、相手に考えさせる機会を多く作るほうがいい。スムーズに合意形成をはかる上でも大事な視点である。

次に、相手に考えさせる質問レパートリーを紹介しよう。基本は「5W2H」の疑問詞を使ったオープンクエスチョンだ。

- いつ？（What）
  例：「それは、いつまでにやったほうがいいでしょうか？」

- 誰？（Who）
  例：「これは、誰が喜ぶサービスなんでしょうか？」

- 何？（What）
  例：「この商品は、何が特徴でしょうか？」

- どこ？（Where）
  例：「それは、どのプロセスで起こるのでしょうか？」

- なぜ？（Why）

  例：「その事業は、なぜ成功したのでしょうか？」

- どのように？（How）

  例：「そのお客様には、どのように提案したのでいいでしょうか？」

- どのぐらい？（How Much）

  例：「それをすることで、どれぐらい増えるのでしょうか？」

　この7種類を覚えるだけで、いかようにも応用が利く。その場のシチュエーションに合わせて、「5W2H」の疑問詞を使った質問を考えよう。

質問の3大機能②　相手に考えてもらう

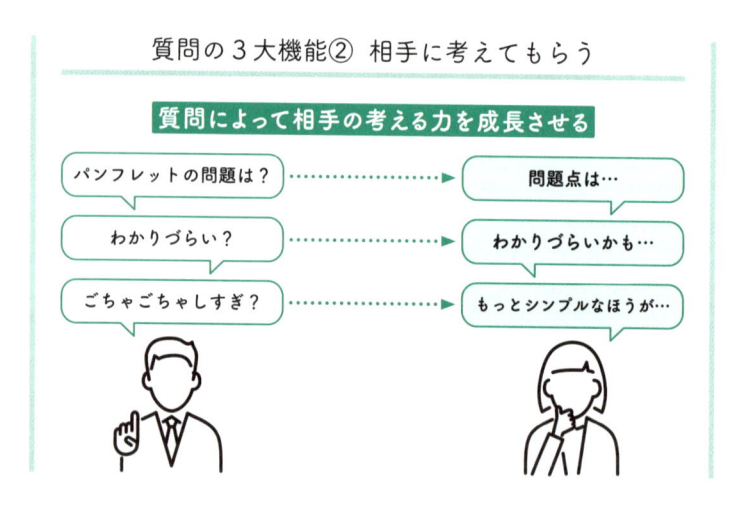

（機能３）相手の頭を整理する

最後に紹介する機能が「相手の頭を整理する」·である。

質問には「相手の頭を整理する」というとても便利な機能がある。意図していなくても、誰かに質問をしていたら、

「君のおかげで、なんだか頭が整理できたよ」

と言われたことはないだろうか。何気なく質問するだけでも、相手が自発的に考え、頭を整理するのに役立つことがある。

相手の頭を整理するには、5W2Hの疑問詞を使って質問しよう。そして、そこで出てきた情報を仕分けしてあげるといい。

効果的な質問をすることで、相手の頭は整理されていく。コツは２つだ。とりあえず、この２つだけを覚えておけばいい。

• 要るものと要らないものとを分ける
• 順番どおりに並べる

要るものと要らないものとを仕分けするには、目的や目標について質問するのが一番早い。目標と達成時期が具体的になれば、自動的に何が必要で、何が必要でないかがわかってくる。そして質問によってアクションの解像度を上げられる。何を先にやらなければいけないのかも、おのずと気付くことだろう。

相手が社長であろうと支店長であろうと関係がない。どんなに偉い人であっても、意外と自分のことはわからないもの。客観的な立場で質問するだけで、相手の頭は整理される。

この２つのコツを意識して質問を繰り返してみよう。偉い人ほど素直に応じてくれ、「いつも君のおかげで頭が整理される

よ」と大きな信頼を勝ち得ることになる。なぜなら、頭が整理されていくうちに、忘れかけていた本質的なことや、思いもかけない新たな発想と出会えるからだ。

質問の3大機能③　相手の頭を整理する

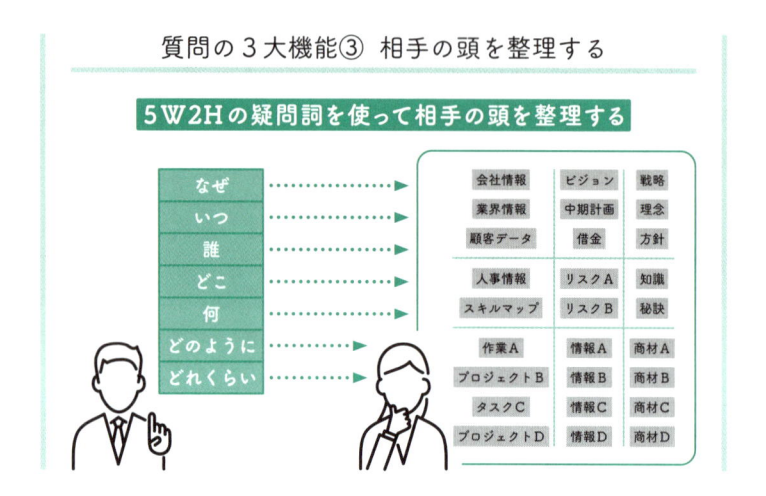

「質問力」を身に付けるための私の学習法

　最後に、私が質問力を高めるためにやっていることを紹介する。それはメモである。とくに、相手の頭を整理するときはメモをとる。なぜなら相手の頭を整理するためには、自分の頭も整理されてないといけないからだ。

　メモのとり方に「型」はいらない。ただ順番は気にしたほうがいい。私が意識している4つのプロセスを次に示そう。

(1) 重要なトピックを1フレーズでメモる
(2) メモを見ながらテーマに沿った質問を繰り返す

（3）話のテーマに合っていないメモは×を書いていく
（4）残ったメモの順番を入れ替える

　これぐらいだ。時間があれば、あとでメモを清書する。可能ならメモをメールにまとめて相手に送ってみるのもいい。

ワンポイントアドバイス！

　相手の頭を整理するときは、たまに本来の目的やテーマに関する質問をしよう。何となく思い浮かんだ質問を繰り返していると、逆に相手の頭の中は散らかってくる。だんだん「あさっての方向」へ話がズレていってしまう。なので、

「そもそも、これは何を目的としていたんでしたっけ？」
「もともとは、何が原因でこの問題が起こったのですか？」

　このように、いったん元の場所に戻してあげよう。だからこそ、メモをとって会話の主導権を握るべきなのだ。メモは地図のようなもの。しっかりメモをとることで会話が迷子になることを避けられる。

13 コーチングスキルを習得する

コーチングの基本と原則 「8フレームアウトカム」

※ポータブルスキル【人との関わり方：部下マネジメント】に対応

コーチングスキルをどう身に付けるのか？

本書で紹介する中で最もハイレベルのスキル、それが「コーチング」だ。コーチングはビジネスの世界でかなり普及していて、関心のあるビジネスパーソンはとても多いだろう。

私たちコンサルタントもコーチングスキルを求められることがある。目標達成のコミュニケーション技術として重要な役割を示すからだ。

そこで、コーチングの基本的な用語説明と絶対に押さえておきたい三原則とコーチングスキルを身に付けるために有用な質問フレーム（8フレームアウトカム）も紹介したい。これからコーチングを学びたい人、実践的なテクニックを知りたい人は、ぜひ最後まで読んでしっかりと理解してもらいたい。

コーチングスキルは天才だけが持つスキル？

それでは最初に、コーチとクライアントの用語説明をしたい。まず「コーチ」だ。コーチの役割は、質問を通じてクライア

ントに自己洞察を促し、目標達成に向けた行動変容を促すことだ。主に「傾聴」と「質問」を使う。アドバイスを行わないことが、私たちコンサルタントと大きく異なる点である。

そのため、コンサルタントよりもはるかに高いコミュニケーション能力が求められる。たまにお客様の話を聞いているだけで商品が売れてしまうというトップセールスがいる。天才的なコミュニケーション技術を使ってお客様をコーチングしているのだと思う。

しかし、このような才能がない人はそれなりの長期間しっかりとトレーニングを続けよう。そうすることで天才だけが持つコミュニケーションスキルを身に付けることができるだろう。

コーチに求められる4つのスキル

では、コーチに求められる具体的な特性とスキルについて言及しよう。主に4つ紹介する。

(1)高い共感力

コーチに求められる最も重要なスキルは「共感力」だ。相手の「今の感情」を認知し理解するスキルである。

私がNLP（神経言語プログラミング）を何年間も勉強していたときに繰り返し実施したトレーニングは、クライアントの眼球の動き、呼吸のリズム、体の姿勢などを洞察することだった。

この能力は個人差が大きく、一朝一夕では身に付かない。訓練だけではなく、多くのセッション経験を積む必要がある。

正しい洞察力（キャリブレーションスキル）がなければ、相手の感情の揺れなどはわかりようがない。そのときの体調や気分によっても生理的反応は異なる。先入観でレッテルを貼ってしまってはコーチングできない。だからコーチに求められる最も重要なスキルは「共感力」であろう。

（2）高い質問力

　コーチはアドバイスや提案をしない。誘導質問もしない。クライアントの状態を感じ取りながら、適切な質問を繰り返して行動変容を促す。だから高い質問力が求められる。適切なタイミングで、クライアントの気付きを誘発する質問ができなければ、コーチは務まらない。

（3）知識欲と継続性

　コーチングの知識体系は非常に広い。心理学や行動経済学、脳科学、NLP理論だけではない。「人間理解」するためには日々の知識習得は欠かせない。また、ドクターと同じように経験を積まない限りスキルは磨かれない。なので多くのクライアントと経験を積もうとする継続力もコーチには不可欠だ。

（4）自己成長意欲

　コーチにも自己成長意欲が求められる。クライアントと同様、自身も常に新たな目標に向かって行動変容を繰り返す人物であることが望ましい。

クライアントに求められる 4 つの適性

コーチにお金を払えば「クライアント」になれるわけではない。正しいコーチングを受けるには、クライアントとしての適性も問われる。

(1) 自己改善意欲

自己成長や目標達成に対してポジティブな意欲を持っていることが前提だ。そのためコーチングはクライアント自身の意志で依頼しよう。誰かに勧められて決断するのもいいが、強制されて受けるものではない。

(2) 具体的な目標

クライアントになるには、明確な目標や課題を持っていなければならない。**コーチングを受ける以上、目標や課題がなければコーチングは成立しない。**

(3) コミットメント

クライアントは、コーチングに対して真剣に取り組み、時間とエネルギーを投資する覚悟を持たなければならない。目標達成のために自分で計画したこと、コミットしたことはやり切る強いマインドが必要だ。

(4) 自己認識力

私が重要視しているのが、自己認識力だ。**正しく自覚できる**

謙虚さがないと、コーチングは機能しづらい。コンサルタントと違ってコーチは教えてくれない。したがって自分で気付く必要がある。自分自身の強みや弱みをしっかり認識できることが求められる。

まずは「コーチングの三原則」を押さえる

次にコーチングの三原則を覚えよう。この三原則を知るだけで、コーチングスキルを身に付ける準備ができる。

①インタラクティブ（双方向）
②テーラーメイド（個別対応）
③オンゴーイング（現在進行形）

第一に、コーチングはインタラクティブ（双方向）でなければならない。質問するにしても、ついつい長く話してしまう人は要注意だ。

コーチとクライアントの話す比率は「2：8」ぐらいがちょうどいい。コーチングしなくても「聞き上手になれ」「傾聴を心掛けろ」と言われる時代である。そんな時代に、相手と同じぐらい話してしまうような人はコーチに向いていない。

第二の原則、テーラーメイド（個別対応）も覚えておこう。クライアントの立場に立つことがコーチングの絶対条件である。ティーチングに慣れている人は、このテーラーメイドの概念を理解することが難しい。誰に対しても、ついつい同じような助

言をしてしまいがちだ。

　第三の原則、オンゴーイング（現在進行形）。**コーチングは「点」ではなく「線」の支援**である。スポーツ選手のコーチと同じで、1年や2年寄り添うことが基本である。

　そもそもテーラーメイド（個別対応）するには相手の徹底理解が不可欠であり、その徹底理解のためには時間がかかる。1回や2回のセッションで、「もう相手のことがわかった」と思い込む人はコーチングの特性がない。半年経ってようやくわかる、ということもあるぐらいだ（※コーチングの特性を知る上では、第一人者である鈴木義幸氏の『コーチングの基本』（日本実業出版社）は名前のとおり、基本を知るのに最高の入門書である）。

目標達成に導く「8フレームアウトカム」徹底解説

　コーチングは膨大な知識と経験を必要とするだけでなく、コミュニケーションスキルの総合スコアが高くないと実践できない。しかし、それだと仕事中にスキルを磨くことは難しい。そこで今回は誰でも使える有名なフレームワークを紹介しよう。それが「8フレームアウトカム」だ。

　8フレームアウトカムは、NLP（神経言語プログラミング）の有名なモデルだ。目標（アウトカム）を達成させるための質問のフレームとして、世界中で使われている。**この8つの質問を繰り返すだけでクライアントの頭は整理され、目標達成に必要なリソースや行動を自ら見つけようとする。**

　クライアントは部下や同僚、お客様でもいい。自分自身でも

いい（自問自答する）。たくさん機会を作って練習してみよう。

８フレームアウトカム

1	あなたのゴール（アウトカム）は何ですか？	
2	ゴールが手に入ったらどのようにわかりますか？	この順番で質問を繰り返す
3	ゴールはいつ、どこで、誰と手に入れますか？	
4	ゴールを手に入れたら、あなたの人間関係や周りの環境はどのように影響を受けますか？	
5	ゴールを手に入れるために、あなたが既に持っているリソースは？足りないリソースは？	
6	現在ゴールを手に入れるのを止めているものは何ですか？	
7	ゴールを手に入れることは、あなたにとってどのような意味がありますか？	
8	まず何から始めますか？　具体的な行動プランは？	

（1）あなたのゴール（アウトカム）は何ですか？

　コーチングの目的は、クライアントの目標達成に向けて行動変容を促すこと。だから最初に質問するのは、クライアントが達成したい具体的な目標についてだ。

〈会話例〉

コーチ：「あなたの具体的な目標、実現したい姿を教えてください」

クライアント：「課長のように周りから信頼される人材になりたいです」

（2）ゴールが手に入ったらどのようにわかりますか？

　目標達成の証拠を明らかにするために、このような質問をする。曖昧なゴール設定をしていると、具体的な行動に落とし込

めないからである。

〈会話例〉

コーチ：「目標を達成したとき、どのようにそれを確認できますか？　具体的に教えてください」

クライアント：「やはり、課長から認められたら、いいのだと思います」

コーチ：「課長から認められるとは、具体的にどういうことですか？」

クライアント：「最低でも３人の部下を一人前に育てる必要があります」

(3) ゴールはいつ、どこで、誰と手に入れますか？

　この質問をすることでさらに目標達成のイメージを明らかにすることができる。目標達成の具体的なタイミングや場所、関与する人々について質問するのだ。

〈会話例〉

コーチ：「そのゴールはいつ、どこで、誰と一緒に達成しますか？」

クライアント：「５年後に、この部署で、部長や課長に協力してもらいたいです」

(4) ゴールを手に入れたら、あなたの人間関係や周りの環境は どのように影響を受けますか？

　この質問は独特だ。正しく説明を受けないとわかりづらいだろう。この場合の影響というのは、どちらかというとネガティ

ブなものを指す。**「目標達成することでも失うものもあるのではないか？」と尋ねている**のだ。

　また目標達成に向かうプロセスにおいても、よいことばかりではないことも踏まえなければならない。このことを言語化するための質問だ。

〈会話例〉

コーチ：「目標達成しようとすると、あなたの人間関係や周りの環境はどのような影響を受けると思いますか？」

クライアント：「リーダーシップがないと課長から指摘されてきましたので、課長からは評価されると思います」

コーチ：「よい影響しかありませんか？」

クライアント：「部下は嫌がるかもしれません。私がまだ一人前じゃないので、一緒に成長していきたいです」

　行動の変化によって悪影響が出る場合もある。環境への影響を正しく自覚できないと目標は達成しづらくなる。その確認のための重要な質問である。

（5）ゴールを手に入れるために、あなたが既に持っているリソースは？　足りないリソースは？

　この質問は2つに分けられる。ゴールを手に入れるためにどんなリソースを持っていて、どんなリソースが足りないのかの2つだ。**10年以上、この8フレームアウトカムを活用してきたが、この質問が最も重要**だと感じる。

　クライアントが自分の強みや利用可能なリソースを再確認す

ることで自信が高まるし、足りないリソースを確認することで、どう補うべきか行動計画に盛り込むことができる。

〈会話例〉

コーチ：「目標達成のために、あなたが既に持っているリソースは何ですか？」

クライアント：「会社の目標を達成する能力は高いほうだと思います。お客様との関係を築くスピードも速いと思いますし」

コーチ：「目標達成のために不足しているリソースは何ですか？」

クライアント：「面倒見が悪いですね。自分のことで精いっぱいで、部下に気を配ることができません。共感力も傾聴力も足りないです」

(6) 現在ゴールを手に入れるのを止めているものは何ですか？

　この質問は、とてもレベルの高い質問だ。私は省略することが多い。なぜなら正しい意図がクライアントに伝わらないことが大半だからだ。これはNLP用語の「ビリーフ」というものを確認する質問だ。頭ではわかっていても、体がなかなか動かないことはよくあること。その真因となっている潜在的な意識（ビリーフ）を特定することが目的だ。しかし、クライアント自身がそれを言語化するのは容易ではない。

〈会話例〉

コーチ：「あなたが目標達成に向かおうとするのを止めているものは何ですか？」

クライアント：「うーん。やはり、自信がないからだと思います」

コーチ：「どんな風に自信がないですか？　具体的に教えてもら
えませんか？」

クライアント：「部下の面倒を見てしまうと、自分の成果が落ち
るんじゃないかと不安になります。心の余裕がないから、わか
っていても部下に意識が向かないですね」

（7）ゴールを手に入れることは、あなたにとって　　　どのような意味がありますか？

　この質問はとてもわかりやすい。（4）の質問の反対だと捉え
てもいい。周りや環境への良い影響、変化もここで表現される
だろう。この質問が7つ目にあることが重要だ。8つ目の質問
へとつなぐためにもこの順番にはとても意味がある。

〈会話例〉

コーチ：「目標を達成することは、あなたにとってどのような意
味がありますか？」

クライアント：「自分の目標だけ達成していてはダメなので、部
下たちも達成できるようになったら、とても自信がつきます」

コーチ：「周りの人間関係や環境にも影響を与えますか？」

クライアント：「妻から『あなたは自己中心的』とよく言われる
んです。だから妻からは見直されると思います。もちろん上司
からもですが」

（8）まず何から始めますか？　具体的な行動プランは？

　この質問は、単体ではまるで力を発揮しない質問だ。ここま
での7つの質問を順番どおり重ねることで、大きな役割を果た

す。

〈会話例〉

コーチ：「それでは目標達成のために、まず何から始めますか？具体的な行動プランを教えてください」

クライアント：「まずは課長にこの目標について宣言します。そして部下たちとミーティングして一緒に成長しようと伝えます」

　繰り返すが、**8フレームアウトカムは質問の順番が大事**だ。順番を守り、丁寧に8つの質問を重ねよう。そうすることで、クライアントは目標達成に向けた具体的な道筋を描き、直面する課題や必要なリソースについて深く考えることができる。

8フレームアウトカムの全体のイメージ

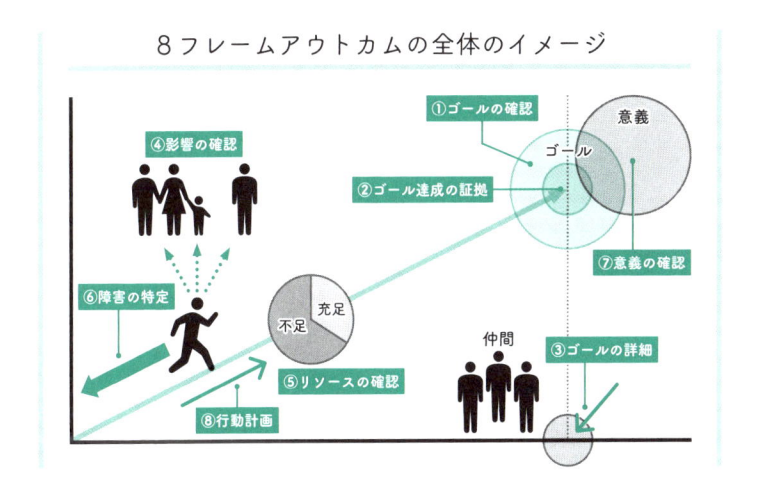

「8フレームアウトカム」を身に付けるための私の学習法

　私はコンサルタントとして、多くの経営者と対話を重ね、そ

のビジョンを明らかにする手助けをしてきた。とくに未来の事業計画を描く際には、コーチングの質問テクニックを駆使して、経営者の内なる思いや目標を引き出した。

　そこで、具体的にある社長とのコーチングセッションの事例を紹介する。中小企業の社長が新しい事業計画を作りたいと相談に来た。現在の事業は順調だが、3年後、5年後の未来をどう描くべきか悩んでいたからだ。未来の計画に正解はない。だからこそ私は8フレームアウトカムを使い質問を重ねていった。

（1）ゴールの設定

　まず、社長に対して「3年後、5年後に会社をどのような姿にしたいと考えていますか？」と問いかけた。

社長：「国内市場でシェアを拡大し、いずれ海外進出を果たしたい」

（2）ゴール達成の証拠

　次の質問はこうだ。「その目標が達成されたとき、どのようにそれを確認できますか？」

社長：「国内の売上が50％増加して、海外進出は手始めにシンガポールで国内売上の10％程度できれば目標達成としたい」

（3）ゴールの詳細

　続いて、さらに掘り下げる質問をした。「その目標はいつ、ど

こで、誰と一緒に達成しますか？」と。

社長：「国内とシンガポールの成功は、どちらも５年後に。シンガポール市場の開拓は社内にノウハウがないので、新しい優秀なメンバーと一緒に実現を目指すことになる」

（4）影響の確認

　次は「その目標を目指すと、あなたの人間関係や周りの環境はどのように変わると思いますか？」である。

社長：「専務は保守的だから拡大路線には反対なんだ。それに海外出張が増えるだろうから、５歳の娘に会えなくなることが増える。妻のご両親が反対するだろうと思う」

（5）リソースの確認

　目標が具体化し、懸念材料も言語化できたら、次は重要な質問だ。「目標達成のために、あなたが既に持っているリソースは何ですか？　足りないリソースは何ですか？」である。

社長：「足りているのは、成功ノウハウだ。新規開拓チームも機能している。価値の高い商材もそうだ。しかし不足しているリソースも多い。何より拡大路線を反対する専務を説得できる人がいない。あと海外進出のノウハウがまったく足りない」

(6) 障害の特定

社長の本音を知るために「目標達成を妨げている障害は何ですか？」と尋ねた。

社長：「現状でも事業は成功しているのだから拡大する必要がない。それでも挑戦したくなるのはなぜなのか？　自問自答する日々だ。私の覚悟が決まっていないことが、最も大きな障害だ」

(7) 意義の確認

次に別の視点から質問した。「その目標を達成することは、あなたにとってどのような意味がありますか？」と目標達成の意義を掘り下げた。

社長：「若い社員を魅了すること。現状を維持することにも意味があるだろうが、それだと若い社員のやりがいに繋がらないと思う。新しい優秀な社員を引き付けることも難しい。大きな挑戦をすることで、若い社員にワクワクドキドキを与えられる」

(8) 行動計画

いよいよ最後の質問だ。「まず何から始めますか？　具体的な行動プランを教えてください」。

社長：「反対する人はいるだろうが、まずは走り出したい。すぐに海外進出のために優秀な人材を採用したい。並行してマーケットリサーチを開始し、現地パートナーも見つけていきたい」

　以上だ。実際のところ、このセッションは３度ほど実施した。**たった一度のセッションで頭が整理され、具体的な解決策や計画ができることなどない。**

　最初は「専務が反対するだろう」と言っていたが、実際は背中を押してくれたり、若者のほうが意外と現状維持を望んでいたりとセッションするたびに社長の返答は変わった。それでも、このように「立ち止まって深く考える機会」はとても重要だ。「セッションを受けるたびに、新しい発見がある。かけがえのない機会だ」と評価されている。明確な解決策を提示するコンサルティングと違い、**コーチングはクライアントに気付きを誘発させることが目的**だ。コーチングの三原則の１つ「オンゴーイング」を意識して、継続してセッションすることが重要だ。

👍 ワンポイントアドバイス！

　コーチングスキルを高めるために、私が常に意識しているのが「間」である。いわゆる「沈黙」だ。**沈黙を恐れずに相手を心から信じて見守るようにしたい。**

　私は待てない性格だ。だからセッションをするときは、いつも強く意識するようにしている。安心・安全の場を作り、相手のペース、リズムに合わせて質問をする。

　決して自分のペース、リズムで質問してはならない。「間」を楽しむほどの落ち着いた姿勢で質問をしていこう。沈黙の時間はクライアントに考える余地を与えるだけでなく、コーチがクライアントを洞察する貴重な機会でもあるからだ。

14 交渉スキルを習得する

交渉は準備が9割！
2つの基本テク「ZOPA」「BATNA」

※ポータブルスキル【人との関わり方：社内対応／社外対応】に対応

ビジネスパーソンに不可欠な「交渉力」

「交渉」という言葉を聞くと、何を想像するだろうか？

ビジネスパーソンが厳しい表情で腹を探り合うシーンかもしれないし、政治家が国益を巡って緊張感のある取引をする場面かもしれない。しかし実際は、私たちの日常生活にも深く根ざしている。

大きな買い物をするときの値引き交渉から家族との休日の過ごし方を決める際の話し合いにいたるまで、私たちは常に何らかの形で交渉を行っている。

しかし、多くの人が知っているとおり、交渉というのは難しい。話に筋が通っていれば合意できるとは限らないし、どんなに熱意を示しても交渉が決裂することはある。

そこで今回は交渉の基本理論から実践的なトレーニング方法、さらには仕事中で試すことができる事例までを詳しく解説する。

とくに交渉の2つの基本──ZOPAとBATNAについては初心者でもわかりやすく解説したい。

交渉力をアップさせる3つの重要ステップ

　交渉とは、異なる意見や利益を持つ二人以上の当事者がお互いに合意点を見つけるためのコミュニケーションプロセスである。単に自分の意見を押し通すことではなく、相手の立場、ニーズ、目的を理解し、双方にとって最適な解決策を見出すための技術だ。**重要なのは自分のメリット・利益に固執しない**こと。

　相手の立場に立って物事を考え、適切な譲歩と妥協を行う。そうすることで、双方にとって納得のいく落としどころを見つけられる。

　何より重要なのは、本節の後半で解説する「準備力」である。準備不足で交渉に勝てることはない。

　それでは、まずは3つの重要なステップについて解説する。基本なので、この3つのステップは最初に覚えておこう。

（1）情報収集する
（2）提案する
（3）落としどころを見つける（＝譲歩）

　まず、「情報収集」である。交渉の準備段階で相手の状況や要求を予想し、交渉のシミュレーションを事前にしておくことだ（のちに説明するBATNAやZOPAなど）。相手の性格、価値観なども重要な要素。理屈を前面に押し出すのか、それとも熱意を示すために、重要人物を同席させたほうがいいのか。交渉はディベートではない。**事前準備ですべてが決まると思って、漏**

れなく情報収集しておこう。

　次に、「提案」だ。自分の要求や条件を伝えるだけではない。自分の立場もハッキリと伝えよう。そのほうが「腹を割って」話をすることができる。

　最後のステップは「譲歩」である。相手の要求にも耳を傾け、どれぐらい歩み寄りができるかを見極める。「落としどころ」が見つかれば合意できるだろう。相互の利益を考慮し、妥協点を見つけ出せれば見事「交渉成立」である。

👍 6つのパラダイムから交渉成立のパターンを考える

　ただし、交渉をしてお互いの利害が完全に一致することはほとんどない。だから両者の損得がぴったりと合うポイントを探そうとするのはよそう。徒労に終わることが多い。

　そこで「人間関係の6つのパラダイム」を頭に入れて、落としどころの選択肢を先に考えておくのだ。6つのパラダイムとは、次のとおり。

①Win-Win：自分も勝ち、相手も勝つ
②Win-Lose：自分が勝ち、相手は負ける
③Lose-Win：自分が負けて相手が勝つ
④Lose-Lose：相手が負けて自分も負ける
⑤Win：自分の勝ちだけを考える
⑥Win-Win or No Deal：Win-Winが困難なら、取引しない

　先述したとおり、利害が完全に一致することはないのだから「①Win-Win：自分も勝ち、相手も勝つ」はない。当然「⑥Win-Win or No Deal：Win-Winが困難なら、取引しない」もない。

　また、最初から「⑤Win：自分の勝ちだけを考える」のつもりで相手とコミュニケーションをするなら、それはもう交渉とは呼ばない。ということは、交渉するなら次の3タイプしか選びようがないのである。

②Win-Lose：自分が勝ち、相手は負ける
③Lose-Win：自分が負けて相手が勝つ
④Lose-Lose：相手が負けて自分も負ける

　しかし、結果的にそうなったとしても、できれば「③Lose-Win：自分が負けて相手が勝つ」はもちろんのこと、「②Win-Lose：自分が勝ち、相手は負ける」も「④Lose-Lose：相手が負けて自分も負ける」も避けたい。健全な交渉はお互い譲り合って成立するものだから、

• Lose a little-Lose a little：自分が少し負けて相手も少し負ける

　が理想と言えよう。つまりは、**「完勝」や「完敗」ではなく「お互い少しずつ負ける」のが現実的な落としどころ**となる。このことは必ず頭において交渉に臨むべきである。

交渉力を高める秘訣「ZOPA」活用の３ステップ

　それでは交渉スキルを上げる上で、２つの基本テクニックを紹介する。その２つとは「ZOPA」と「BATNA」だ。

　この２つはセットで覚えてもらいたい。まずはZOPAから覚えよう。そのほうがBATNAも理解しやすくなる。

　ZOPA（Zone of Possible Agreement：ゾーパ）とは、お互い要求が重なる範囲を指し、交渉における合意可能なゾーン（範囲）のことだ。

　価格交渉で例えるとわかりやすいだろう。

　売り手は120万円で売りたい。値下げしたとしても原価などを考えると100万円が限界だとしよう。

　100万円だと利益がゼロになるが、在庫の関係上、売れないよりはいいと思っている。

　一方、買い手は95万円で買いたいと思っている。どんなに出したとしても110万円が精いっぱいだと予想したとしよう（これが事前にわかることは基本的にないが）。

　つまり、重なり合う部分が「お互いのZOPA」となるので、「110万円〜100万円」で交渉する、ということになる。

　それではZOPAをどのように明らかにし、交渉で活用するのか。その３ステップを解説しよう。

交渉の基本スキル「ZOPA」とは？

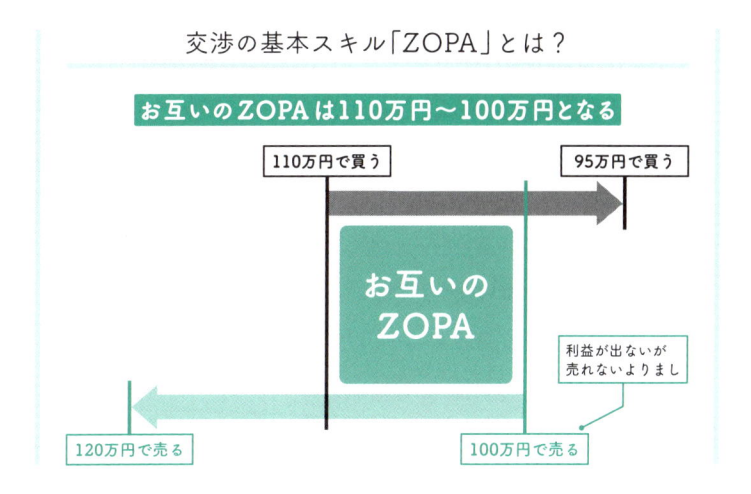

お互いのZOPAは110万円～100万円となる

110万円で買う　　　　　　　　　95万円で買う

お互いの
ZOPA

利益が出ないが
売れないよりまし

120万円で売る　　　　　　　　　100万円で売る

（1）自分の希望と限界を明確にする

　まず、**自分の希望条件と最低限受け入れられる限界条件を明確にしよう。**交渉相手から、「だったら、どんな条件ならOKなんだ？」と質問されてから考えるようではいけない。事前に準備しておくことが交渉の鉄則だ。

　イベント企画でたとえてみる。イベントを開催して集客してくれ、と部長に依頼された。しかし、すべての条件を丸呑みするわけにはいかない。その際、どのように交渉するか。好条件を引き出すには、どうしたらいいか。事前にリストアップしておくといいだろう。

◉自分の希望条件
・集客期間は4か月以上
・集客目標は100人

- 集客対象は課長職以上
- イベントにかかるコストは200万円

◉ 自分の限界条件
- 集客期間は3か月
- 集客目標は100人
- 集客対象は部長職以上
- イベントにかかるコストは150万円

　このように決めておけば、「今年の秋のイベントは、君に任せたよ」と部長に依頼されても「引き受けてもいいですが、条件があります」と言って交渉できる。

「そんなにコストはかけられない。出しても100万円が限界」や「集客対象は経営者。100人集めてくれ」と言われたら、交渉決裂である。

「それならお断りさせてください」

　とハッキリ言える。限界条件も満たさないからだ。このように**事前に交渉の範囲を明確にしておくことはとても重要だ**。交渉の際に迷うことがなくなる。

(2) 相手の希望と限界を推測する

　次に相手の希望条件と限界条件を予想する。**相手の立場や背景情報を収集し、どの程度の譲歩が可能か仮説を立てる**のだ。こちらの条件を呑んでもらえるかどうか考える上でとても役立つ。事前に予想して交渉相手の条件もリストアップしていく。

◉社長の希望条件
- 集客期間は3か月以内（夏に別のイベントがあるため）
- 集客目標は100人
- 集客対象は部長職以上
- イベントにかかるコストは100万円

◉社長の限界条件
- 集客期間は4か月
- 集客目標は100人
- 集客対象は部長職以上
- イベントにかかるコストは200万円

　このように交渉相手の希望と限界を推測することで、現実的な交渉範囲を見極めやすくなる。

(3) お互いのZOPAを見つける

　自分と相手の希望条件と限界条件をリストアップしたら、お互いの希望が重なる範囲（ZOPA）を見つけていこう。**事前にZOPAを定義しておけば、交渉する前から現実的な合意点を見つけやすくなる。**

「相手がどう出てくるかわからない。とにかく、出たとこ勝負だ！」

　こんな風に「準備ゼロ」で交渉しては、好条件を引き出せないのだ。

交渉決裂を避ける「BATNA」活用4ステップ

　基本テクニック2つ目がBATNAである。ZOPAと合わせて考えることで交渉力は格段に向上するだろう。

　BATNA（Best Alternative to a Negotiated Agreement：バトナ）とは、交渉決裂した場合の最良の代替案のこと。 交渉力を高めるための重要な概念である。

　もう一度価格交渉を例にして考えてみよう。売り手は120万円で売りたい。値下げしたとしても110万円が限界だ。

　なぜなら110万円で買ってくれる他のお客様を見つけているからだ。これ以上、値下げする必要はない。この「他社に110万円で売る」が売り手のBATNAである。

　いっぽう買い手は95万円で買いたいと思っている。どんなに出したとしても100万円が精いっぱいだ。なぜなら100万円で買える先を知っているからだ。無理して100万円よりも高く買う理由がない。これが買い手のBATNAである。

　BATNAを考えておくと、ZOPAを設定するときも役に立つ。**代替案がないと、交渉相手が有利になるのは明らかだ。** 1円でも売ったほうがいい、ということになってしまう。

　それではBATNAを効果的に理解し、活用するための4ステップを解説していこう。

交渉の基本スキル「BATNA」とは？

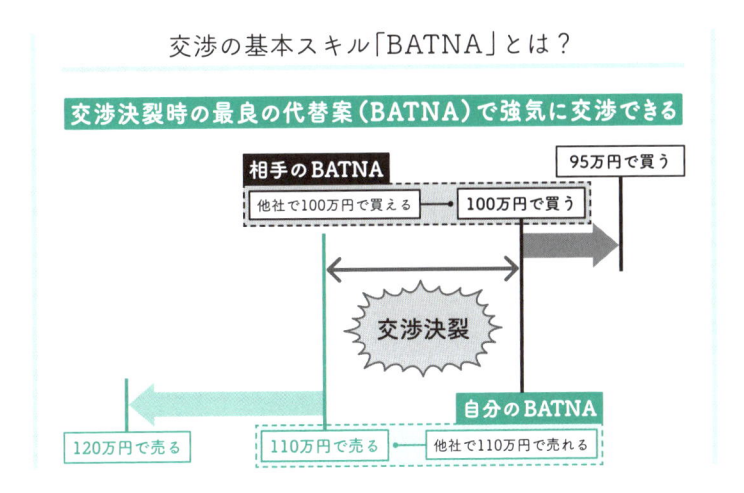

交渉決裂時の最良の代替案（BATNA）で強気に交渉できる

相手のBATNA
他社で100万円で買える → 100万円で買う
95万円で買う

交渉決裂

自分のBATNA
120万円で売る　110万円で売る ← 他社で110万円で売れる

(1) 自分のBATNAを決める

まず、自分の交渉が不調に終わった場合の最良の代替案を準備する。**現実的かつ具体的な代替案をリストアップすることが重要だ。**「契約の交渉」で考えてみよう。自分の希望条件が、

- 年収500万円
- 週休2日
- 週に4回以上はテレワーク可
- 成果報酬が利益の10％以上

だとしよう。しかし、

- 年収500万円
- 週休2日

- 週に2回以上はテレワーク可
- 成果報酬が利益の5％以上

　という他の契約先候補がある。これがBATNAだ。BATNAがあることで、この条件を下回ったら交渉を打ち切ると決めることができるのだ。

（2）相手のBATNAを予想する

　自分のBATNAが決まったら、次は交渉相手のBATNAも予想しよう。相手が交渉を打ち切った場合、どんな選択をするのか仮説を立てるのだ。

「年収500万円で、基本オフィス勤務。成果報酬ゼロの他候補者を選ぶ」

　もしこのように予想するのなら、交渉戦略を考え直す必要がある。交渉相手とどうしても契約をとりたいなら、条件を変えなければならないからだ。

（3）自分のBATNAを強化する

　自分のBATNAを強化することも重要なステップである。たとえば、

- 年収500万円
- 週休2日
- 週に2回以上はテレワーク可
- 成果報酬が利益の5％以上

という他候補ではなく、

- 年収550万円
- 週休２日
- 週に４回以上はテレワーク可
- 成果報酬が利益の５％以上

といった候補を見つけておけば、さらに強気の交渉ができるからだ。

（4）譲歩の範囲も準備しておく

もちろん、自分の要望だけを一方的に押し付けていいかどうかはよく考えよう。「Win-Lose」にするような交渉は不健全だ。

相手が譲歩しそうなら、こちらも譲歩する。ただ、**どれぐらい譲歩するのかも準備しておこう**。場当たり的に譲歩すると、譲歩しすぎて後悔することも多くなる。

最もよくないのは、空想でBATNAを決めることだ。

「もしこの条件でダメでしたら、他を当たります」

と言ったとしても、

「他って、どこがあるんですか？」

と見透かされる。好条件を引き出すための「はったり」と見抜かれたら、相手はまったく譲歩しなくなるだろう。交渉がまとまることもない。

BATNAは交渉の基本テクニックだ。組織内で合意形成するときもお客様と取引条件で交渉するときも使える。交渉力を大幅

にアップできるので、準備段階でBATNAをしっかりと仕込んでおこう。

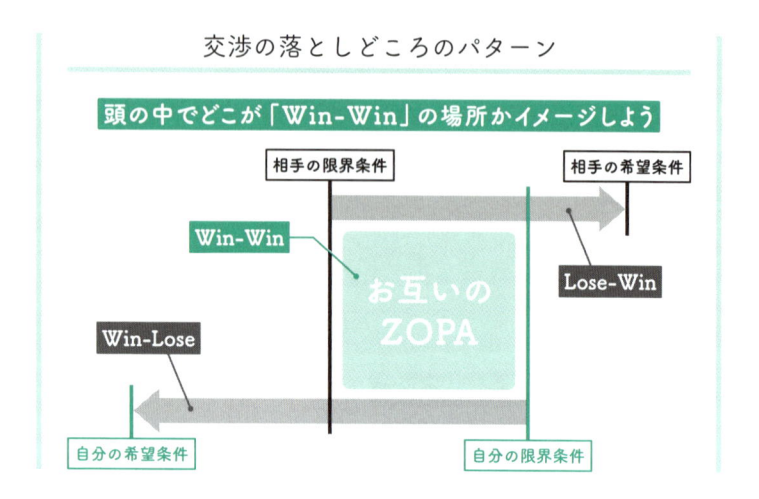

交渉の落としどころのパターン

頭の中でどこが「Win-Win」の場所かイメージしよう

相手の限界条件 / 相手の希望条件 / Win-Win / Lose-Win / お互いの ZOPA / Win-Lose / 自分の希望条件 / 自分の限界条件

仕事中に「交渉グセ」を付ける3つの機会

　繰り返し書いたように、事前準備で交渉の9割が決まる。ロープレなどでトレーニングするのはいいが、交渉はディベートではない。**事前にしっかりと情報を収集し、ZOPAやBATNAを考えつつ仮説を立てることが先決**だ。

　そして交渉は「習うより慣れよ」である。いかに仕事中に交渉グセを付けるかが、スキルアップの肝だ。

　一般的に交渉といえば、

- 契約の交渉
- 価格の交渉

- 給与の交渉

このようなシーンを思い浮かべるだろう。M&A の世界では「敵対的交渉」のように厳しい交渉もあるようだ。しかし私たちの身の回りには大型の案件を扱う営業でない限り、それほど本格的な交渉はない。

だから慣れておくためにも、日頃の業務で交渉の機会を探して慣れておくべきだ。

そこで交渉の機会となりそうなビジネスシーン3例を紹介する。「落としどころ」「妥協点」を見つけるための訓練だと思って試してほしい。

(1) 残業を引き受けるケース

まず日常的によくあるのが、残業を引き受けるケースである。無条件に引き受けてばかりいると、依頼する側も「残業して当たり前」という感覚になる。場合によっては交渉しよう（想定外の仕事の依頼を引き受ける場合も同じ）。

たとえば、あらかじめ ZOPA を決めておくのである。

- 残業は18時〜20時まで。どんなに遅くとも20時半まで
- 展示会参加者70件のリスト作りのみ。やったとしても、フォローリストの抽出まで

このように範囲を決めておくことで「ついでにこの仕事もお願い」と言われないようにする。

（2）休暇を取得するケース

続いて休暇を取得するケースである。「当然の権利だ」と主張するだけで取得できる職場であればいいが、難しいときもあるだろう。そういう場合はZOPAを決めておくといい。

- **1日休暇がほしい。どうしても難しいなら午後2時までででもいい。**

当日の業務はどうするのか？　事前に済ませるのか？　誰かに任せられるのか？　徹底して準備をしておけば上司からの承認を得やすくなる。

（3）改善案を提出するケース

最後に業務改善を提案するケースだ。休暇申請を交渉するのとはわけが違う。長丁場の交渉になるだろうから、しっかりとした準備が必要だ。

たとえば、業務効率化のため新しいソフトウェアの導入を提案したいケースを考えてみよう。導入コストのみならず、導入にかかわる労力や時間といったコストまで発生する。
「このソフトウェアを導入すれば業務が効率化するのはわかる。しかしコストがかかりすぎる気もする。他にも課題があるし、時期尚早ではないか」
このように上層部から難色を示され可能性は高い。そのため会社の状況や決裁権を持つ人の思考などを調べ上げ、BATNAやZOPAを活用しながら準備しよう。3人か4人で対策をとり、

徹底的に準備をして臨むのだ。たとえば、

- 交渉が決裂するのなら、人事部に掛け合って人を採用してもらうよう要請する
- 人が採用されるまでは月平均30時間の残業を認めてもらう

という BATNA を仕込んでおけば、強気で交渉できる。実際にこのような交渉カードを使うかどうかは別だ。ただ「落としどころ」を見つける貴重な訓練になるのは間違いない。

「交渉力」を身に付けるための私の学習法

最後に、私が交渉力を活用してやっている事例を紹介する。それは「トレードオフ」が発生した場合のときだ。トレードオフとは、両立できない関係性のこと。たとえば一般的に、

- 価格が安い＆品質が高い

は両立しないと言われる。両者はトレードオフの関係にあるので、価格を安くしたければ品質は我慢しなければならないし、品質を妥協できなければ高価格になるのは仕方がないと受け止めるべきだ。

「圧倒的に安く、最高品質の製品がほしい」と言われても現実的には難しい。私どものようなコンサルタントの場合、トレードオフの関係になるのは品質と納期の関係が多い。また、

• 納期が短い＆品質が高い

　も両立しづらい。ある程度の品質を求められれば「少し時間がかかります」と言わざるを得ない。「そこを何とか……」と言われても、できないものはできない。トレードオフの関係にあるからだ。

　ここからが私の事例だ。お客様の販売データを分析し、その結果を納品する仕事を担当していたときのこと。お客様から急な要望で納期を前倒しするよう依頼を受けた。

　コンサルタントとして、どうしても品質を優先したかった。だから納期前倒しの要求には応じられないと思った。しかしながら「社長の強い要請です。何とかしてください」と言われれば「無理です。できません」は通らない。

　そこで、品質と納期のどちらを優先すべきか考えて交渉した。このようなケースでの交渉で役立つのは、やはりZOPAである。希望条件と限界条件を明確に決めるのだ。

　品質をＡＢＣとランク付けし、希望はＡランクで、限界はＢランク。Ｃランクなら断るというものだ。納期はＡＢＣによって当然変わってくる。相手のZOPAを予想しながら、品質と納期の組み合わせを提示し交渉するのだ。

　このように価格と品質、納期と品質はトレードオフの関係になりやすい。他にも量と質、価格と効果など、妥協点を探らなければならない組み合わせはいくつかある。実際はコンサルタントが提示する「最良の提案」が採用されることは少ない。

「そんなに時間をかけられない」

「そこまでの人員をプロジェクトに参加させることは難しい」

　このように言われたら、どこが「落としどころ」なのか考える。最善策ばかりを考えていると、物事が進まない。

ワンポイントアドバイス！

　交渉でトレードオフを考える際は優先順位を明確にすることだ。コンサルタントが「品質は下げられない」とどんなに主張しても、お客様の優先順位が納期であるなら、納期から妥協案を探るしかない。

　どこまで納期を譲歩できるか。その限界条件を予想してから品質との組み合わせを考えていく。譲れないものは譲れないと主張すれば、柔軟性がないと受け止められる。「譲歩の返報性」を期待することもできず、交渉は不調に終わるだろう。

　だからこそ日頃から情報収集を怠らないことだ。相手のニーズ、価値観を理解することで、バランスの取れた妥協案を見つけやすくなる。

15 マネジメントスキルを習得する

**プロジェクトでマネジメントを鍛える！
国際標準技法「PMBOK」**

※ポータブルスキル【人との関わり方：部下マネジメント】に対応

これからの時代に最も求められるスキル

　これからの時代で最も求められるスキルを1つだけ挙げろと言われたら、私は迷うことなく「マネジメントスキル」と即答するだろう。それぐらいニーズのあるスキルだ。

　そして**マネジメントスキルを身に付けるなら、ちまたに溢れる「マネジメント研修」など受講するのではなく「プロジェクトマネジメント」を勉強しよう。**なぜなら、一般的にマネジメントという表現は部下育成やチームビルディングといった広範な意味を内包しているからだ。そのせいで「感謝する」「承認する」「モチベートする」といった対人関係にかかわる心掛けまでも意識しなければならなくなる。

　その点「プロジェクトマネジメント」は、具体的な目標に向かって計画を立て、実行し、成果を上げる過程を通じてマネジメントの本質を学ぶことができる。「プロジェクトマネジメント」であれば、ベテラン社員でなくても学び、スキルを取得できる。

　そこで今回はプロジェクトマネジメント技法として代表的な

「PMBOK」を使いながら、実際の業務でマネジメントスキルを磨くためのトレーニング方法を紹介する。

国際的標準マネジメント技法「PMBOK」

さて、PMBOK（Project Management Body of Knowledge：ピンボック）の説明からしよう。**PMBOKとは、プロジェクトマネジメントの知識を体系的にまとめたガイドライン**である。国際的標準マネジメント技法として広く活用されており、認定資格も存在する。システム構築に携わっている人なら、知らない人はいないだろう。

プロジェクトマネジメントの基礎を学ぶ上でも、まずはPMBOKで使われる主な用語を覚えていこう。覚えるべきは次の２種類だけでいい。

（1）10の知識エリア
（2）５つのプロセス群

「PMBOK」10の知識エリアとは？

まずは「10の知識エリア」を覚えよう。どんなに経験がない人でもマネジメントする上では、

・コスト　・品質　・リソース　・コミュニケーション
・スケジュール

ぐらいは意識するはずだ。しかし私が「PMBOK」が有用だと思うのは、以下の4つの要素も意識できるからである。

- スコープ
- 調達
- リスク
- ステークホルダー

　マネジメントスキルがない人は、とくに「スコープ」「ステークホルダー」に関する意識が足りない。そのため、これらのポイントをしっかり押さえて、正しい効果的なマネジメントを心掛けよう。

(1) 統合マネジメント
(2) スコープマネジメント
(3) スケジュールマネジメント
(4) コストマネジメント
(5) 品質マネジメント
(6) リソースマネジメント
(7) コミュニケーションマネジメント
(8) リスクマネジメント
(9) 調達マネジメント
(10) ステークホルダーマネジメント

　それではそれぞれの知識エリアについて紹介する。

(1) 統合マネジメント

　プロジェクト全体の調整と統合を行うのが、統合マネジメントである。プロジェクトの全体を俯瞰する上でも、とても意味がある。プロジェクトの進行中に各要素のつじつまが合うよう、定期的に全体最適を心掛けるのだ。

(2) スコープマネジメント

　スコープとは「範囲」という意味である。一般的には「目標」「ゴールイメージ」「KGI」といった表現が用いられるが「PMBOK」ではスコープ（範囲）を使う。この概念があるからこそプロジェクトの目標と成果物の範囲を正しく定義できる。プロジェクトの進行中にこの「スコープ」が変わることはよくあるので、プロジェクトメンバーに対してはもちろんのこと「ステークホルダー」にも認識のズレがないよう報告や相談することが大事だ。

（例）

組織メンバー8人の残業時間を4か月以内に「月平均20時間」にまで削減することを目標としていた。しかし残業削減プロジェクトの進行中に、想定外の事実が発覚。メンバーのうち3人は期限を2か月延長に変更することとなった。このような軌道修正をキチンとマネジメントすることは、マネジメントの品質を上げる上でも極めて重要なことである。

(3) スケジュールマネジメント

　スケジュールマネジメントとは、プロジェクトのタスクごと

に進捗を管理することだ。ツールとしてはWBS（タスクを細分化したリスト）やガントチャート（タスクごとの工程表）を使うことが一般的だろう。

（4）コストマネジメント

コストマネジメントとは、プロジェクトの予算を計画し、経費を管理することだ。予算内でプロジェクトを完了させるためにも重要なマネジメントである。

（5）品質マネジメント

品質マネジメントとは、プロジェクトの成果物が品質基準を満たしているかどうかを管理することだ。そのためにも「ステークホルダー」が期待する品質を明文化しておくことである。

（6）リソースマネジメント

リソースマネジメントとは、プロジェクトに必要な人的リソース、設備、デジタル技術などを管理することだ。私は「スキル」や「意識」もリソースだと考えていて、プロジェクトメンバー選びの段階でとても重要視している。

（7）コミュニケーションマネジメント

コミュニケーションマネジメントとは、プロジェクトに関する情報の適切な伝達ができているかどうかの管理である。このマネジメントはとても重要だ。

プロジェクトを進める上で、誰が何をどのタイミングで情報

を伝えるのか。どのツールに入力して、その入力項目を誰がチェックするのか。これらの「レポートライン」が正しく決まっていないと、プロジェクトの品質や生産性が大きく落ちる。

(8) リスクマネジメント

　リスクマネジメントとは、プロジェクトのリスクを特定し、適切なタイミングで対応策を講じることだ。途中で想定外のリスクが発生した場合は、メンバーのみならず「ステークホルダー」とも連携しながら対応していくことも視野に入れる。

(9) 調達マネジメント

　調達マネジメントは、プロジェクトに必要なリソースを社内外から調達する場合に必要だ。誰が調達し、選定し、管理するのか。たとえば外部の人的リソースを活用する場合は、その契約に関しての手続きも行う。

(10) ステークホルダーマネジメント

　ステークホルダーマネジメントとは、プロジェクトに影響を与える関係者の期待を管理し、必要あれば関与をも打診する。繰り返すが、非常に重要だ。

　社内であれば経営者やコスト負担する部門長。パートナー企業やお客様の役員ということもある。意識するだけでなく、具体的にマネジメントしていくべきだ。

「PMBOK」5つのプロセス群とは？

続いて「5つのプロセス群」を紹介する。ここまでに紹介した10の知識エリアを頭に浮かべつつ、読んでもらいたい。

(1) 立ち上げ
(2) 計画
(3) 実行
(4) 監視・コントロール
(5) 終結

多くの人が知っているのは「PDCAサイクル」である。Plan（計画）、Do（実行）、Check（測定・評価）、Action（対策・改善）。この4つのプロセスを循環させることで目標に近づいていく。そういったマネジメントの考え方だ。

いっぽうこのPMBOKの5つのプロセスはPDCAサイクルと異なり、明確に「始まり」と「終わり」がある。

「循環（サイクル）」ではないことに注目してもらいたい。このプロジェクトは、いつから始めて、いつ終わるのか。企業内の大規模なタスクフォース型のプロジェクトのみならず、職場の組織改革プロジェクトにも使える。社員旅行のプロジェクトにも、新入社員の歓迎会といったプロジェクトにもこの技法は使えるのだ。すべてにおいて共通するのが、始まりがあり終わりがある、ということだ。ここの考えを頭に入れて、5つのプロセス群について覚えてもらいたい。

(1) 立ち上げプロセス

立ち上げプロセスは、プロジェクトを正式にスタートするためのプロセスのこと。**このプロセスでは、プロジェクトの目的と範囲（スコープ）を明確にし、主要なステークホルダー（利害関係者）を特定する。**

この立ち上げプロセスがしっかりしていることで、プロジェクトの方向性が正しく設定され、スムーズな進行ができる。反対に、このプロセスをおろそかにすると途中で何度もプロジェクトの方向性が揺らぐことになる。

(2) 計画プロセス

計画プロセスは、プロジェクトの全体計画を詳細に作成するプロセスだ。ここでは、スコープ、スケジュール、コスト、品質、リソース、リスク、調達、コミュニケーションなど、プロジェクトの各要素を包括的に計画する（10の知識エリア参照）。

プロジェクトマネジメント全体だけでなく、個別のマネジメント計画書（スコープマネジメント計画書、リソースマネジメント計画書など）もあるといい。ここで重要なのは精緻な計画を作ろうとしないこと。要素別の計画をざっくり作るだけでも、プロジェクト進行中に発生する問題を未然に防ぐことができる。あまり肩に力を入れず、「広く浅く」の発想でもいいからそれぞれの計画を作っておこう。

(3) 実行プロセス

実行プロセスは、計画どおりに実行するプロセスだ。大事な

ことは、必ず計画どおりにやり切ること。**やり切ることで正しいプロジェクトの進捗管理ができる。**

　どんなプロジェクトを起ち上げても、なかなか実行に移せない。実行しても途中でフェードアウトする。そんな文化のある組織はたくさんあるだろう。ただ、ほとんどの問題はこの実行プロセスではなく、立ち上げプロセスと計画プロセスにあることを必ず覚えておこう。この２プロセスさえしっかりできていれば、あとは「やり切る」ことだけに集中できるからだ。

（4）監視・コントロールプロセス

　監視・コントロールプロセスは、プロジェクトの進捗と成果を監視し、必要に応じて修正するプロセスである。「PDCA サイクル」でいえば「DCA」の部分と言えよう。

　監視・コントロールの対象はスコープ、スケジュール、コスト、品質、リスクなど、進捗の程度によってパフォーマンスが期待どおりでなければプロジェクトの軌道修正を行う。**このプロセスも「立ち上げ＆計画」の２プロセスがしっかりできていることが鍵と言えよう。**

（5）終結プロセス

　終結プロセスは文字どおりプロジェクトを正式に終了するプロセスだ。ステークホルダーに対してプロジェクトの成果物を引き渡したあと、プロジェクトの評価が行われる。終結プロセスがしっかりと行われることでプロジェクトの成果が確定する。

　反対に、このプロセスを曖昧にすると「尻切れトンボ」のよ

うになってしまう。失敗／成功は関係がなく、きちんと終わらせることがマネジャーの責務である。

PMBOK全体のイメージ図

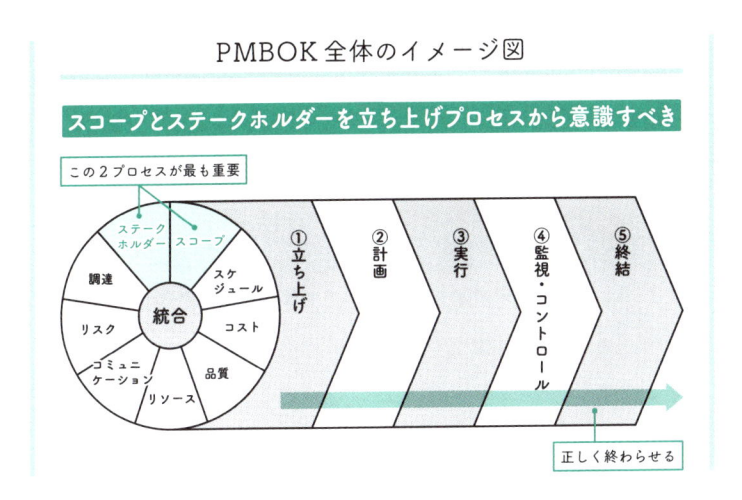

スコープとステークホルダーを立ち上げプロセスから意識すべき

この2プロセスが最も重要

ステークホルダー　スコープ
調達　スケジュール
統合
リスク　コスト
コミュニケーション　品質
リソース

① 立ち上げ
② 計画
③ 実行
④ 監視・コントロール
⑤ 終結

正しく終わらせる

👍 「プロジェクトマネジメント」を磨くポイント

「PMBOK」の基礎知識である「10の知識エリア」と「5つのプロセス群」を紹介した。慣れない人は「難しそう」と感じるかもしれない。しかしそんなことはない。全部の知識を使う必要はないのだから。

次に、仕事中にプロジェクトマネジメントスキルを磨くにはどうしたらいいのか。そのための3つのポイントを紹介する。

(1) 正しく立ち上げ、スピーディに計画を立てる

プロジェクトの成功は、最初の2プロセス（立ち上げプロセス＆計画プロセス）でほぼ決まると言っても過言ではない。は

じめが肝心だ。緻密な計画を立てなくてもいい。ざっくりでも
いいから広く、浅く、スピーディに計画を立てよう。

　私がとくに気を付けるべきは「スコープ」と「ステークホル
ダー」のマネジメントだ。これらの配慮を間違えると、どんな
にマネジャーが努力しても期待どおりにプロジェクトが進行し
ないことが多い。

（2）コミュニケーションを活発にし、透明性を保つ

　プロジェクトマネジメントには、メンバー間の円滑なコミュ
ニケーションが不可欠だ。そのためにも効果的なツールを使っ
てコミュニケーションマネジメントに力を注ごう。

　一部のメンバーしか情報が伝達していなかったり、共有すべ
き情報がどこにあるのか不明確だったりすると円滑なコミュニ
ケーションをすることができない。

　マネジャーは自分だけがわかっていればいいわけではない。
プロジェクトの進捗状況やステークホルダーが懸念しているこ
と、想定外のリスクに関しては積極的に開示していこう。

　メールのみならず、ビジネス用のLINEやSlack、Microsoft
Teamsなどの便利なコミュニケーションツールを活用し、**リア
ルタイムで情報共有する環境を整えることも重要だ。**

（3）ステークホルダーマネジメントのスキルを磨く

　ステークホルダーマネジメントは、プロジェクトの成功に直
結する重要なスキルである。プロジェクトマネジメントにまだ
慣れない人は、とくに意識を傾けよう。

　まず、**ステークホルダーの識別を徹底すること**だ。プロジェクトに影響を与えるすべての関係者をリストアップし、それぞれの役割と関心を明確にすることが重要だ。要領がいい人は、このような識別が無意識にできる。しかしそうでないと自覚する人は、ノートなどにリストを書いて管理したほうがいいだろう。

　普段からコミュニケーションがとれていないと「認識のズレ」がどんどんと大きくなる。その「ズレ」が致命的な問題を与えることも多い。定期的なミーティングや報告書を通じて、ステークホルダーとの情報共有を密に行おう。

　さらに**フィードバックを積極的に求めること**も重要だ。ステークホルダーの意見をプロジェクトに反映させることもいい。信頼関係を築くことができ、無駄な衝突も避けられる。

「プロジェクトマネジメント」を身に付けるための私の学習法

　最後に、私がマネジメントスキルを高めるためにやっていることを紹介する。SNSを活用したマーケティング活動をするときに「PMBOK」の知識を大いに活用した。

　そのときに注意を払ったポイントを5つ紹介する。

(1) 目的と目標の明確化

　最初に行ったのは、やはり「スコープ」と「ステークホルダー」を明確にすることだった。自己満足的なマーケティング活動になってはいけないため、目的と目標をキチンと明らかにし

なければならないと考えた。

　目的は新規見込み客の開拓。目標は月間150件以上とした（スタート時は月間100件を下回っていた）。

「ステークホルダー」は、見込み客をフォローするコンサルタント全員である。コンサルタントの要望を聞きながら、見込み客の属性や目標数字を細かく決めていった。

（2）スコープの定義と管理

　目的と目標が決まれば、スコープもだいたい決まってくる。当時はX（旧Twitter）のフォロワーが伸びていたため、XからYouTubeへと誘導し、YouTubeの再生数を増やして資料ダウンロード数を増やすことを目指した。

　このように範囲を限定することで、どのようなリソースを投入すべきがわかってくる。プロジェクトメンバーは誰がいいのか。足りないリソースはどこから調達すべきかなどである。

（3）リソースの適切な配分

　プロジェクトがスタートした。綿密な計画を立てたものの、私のXアカウントでのフォロワー数はなかなか増えない。増やしたとしても、見込み客開拓に繋がらなければ意味がなく、プロジェクトは早々に頓挫しかかった。

　そこでXを主戦場にするコンサルタントを招へいした。そして3か月はセミナーなどをすべて中止し、SNSに注力したのだ。WEBマーケティングに強いメンバーとともに、資料ダウンロードできるサイトへの導線を描き、改善を続けた。

(4) 監視とコントロール

　グラフで表現されているとおり、最初の数か月間はまったく成果が出なかった。しかしインプレッションやエンゲージメントのデータ分析を続けるうちに、ある月からフォロワー数が急増。連動してYouTubeへの流入も増え、みるみるうちに資料ダウンロード数が150を突破した。200に迫る月もあった。

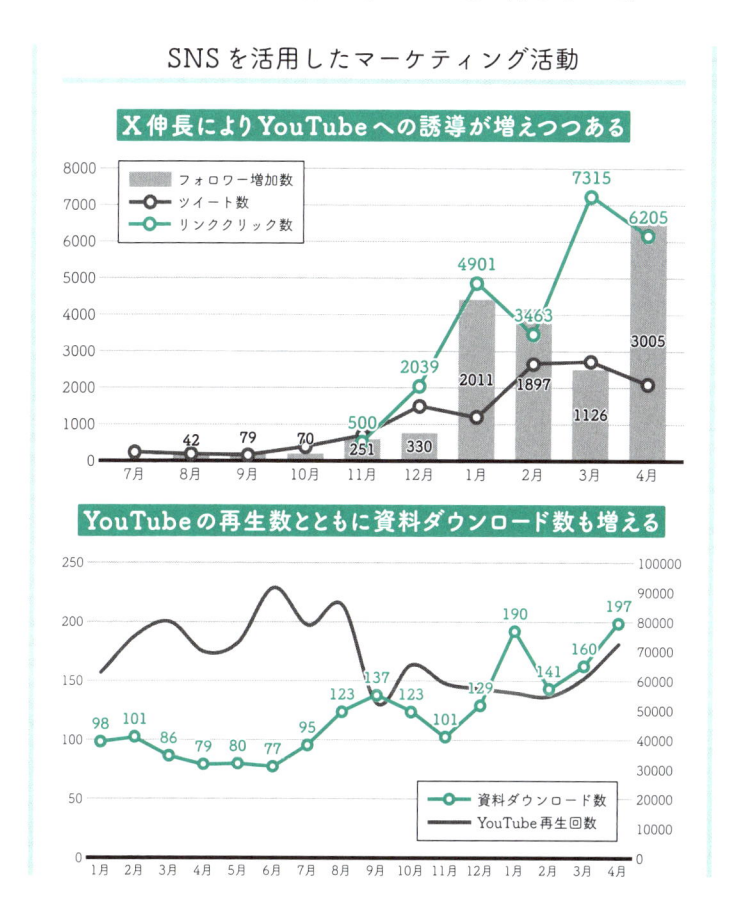

SNSを活用したマーケティング活動

（5）成果の報告と反応

「スコープ」と「ステークホルダー」を明確にし、プロジェクト期間中ずっと意識して進捗状況を報告し続けた。うまくいっていない最初の数か月間も臆することなく報告した。そのおかげで、成果が出始めると、コンサルタントたちは、当事者のように喜んでくれた。

このようにプロジェクトマネジメントは要所さえ押さえれば、大きく失敗することはない。想定外のことがあったとしても、状況に応じて「スコープ」や「ステークホルダー」「リソース」などを調整していくことで、少なくても失敗は免れるはずだ。

ワンポイントアドバイス！

目標を決めるときは「SMART」の概念を使うこと。 とくに初めてのプロジェクトを任せられる場合は、どのように目標設定したらいいのか迷うことだろう。

「SMART」とは、Specific（具体的）、Measurable（測定可能）、Achievable（達成可能）、Relevant（関連性）、Time-bound（期限付き）の頭文字を取ったものだ。

目標を設定する際に、この5つの切り口を参考にしよう（すべての基準を満たす必要はない）。そうすることで、プロジェクトが扱う「スコープ（範囲）」が明確になり、「ステークホルダー」との認識のズレも大きく減る。

目標設定の精度は、マネジメントにおいて最重要ポイントの1つ。必ず押さえておこう。

トップコンサルタントが
「職場以外で
実践している」
勉強法

16 読書術を取得する①

驚くほど知識が身に付く「水平読書」徹底解説

なぜ社会人が勉強する上で読書が最強なのか？

これまでPART 2とPART 3を通じて「コンセプチュアルスキル」と「ヒューマンスキル」を身に付ける学習法をお伝えしてきた。

限りある時間の中で最大限「働き（稼ぎ）ながら学ぶ」を実践してもらえればと思う。

ただし、プログラミングや生成AI、または簿記の知識など、業務によっては普段まったく関わりのないことを新たに学ぼうとなった場合には「仕事中勉強法」だけでは限界があることもまた事実である。

そこで、本書の最後に普段の業務とまったく関わりのないことを新たに身に付けるときに必要な学習法をお伝えしたいと思う。

業務時間外のまさにプライベートな時間を削って学ぶのだから何よりも効率的に全集中して取り組んでもらいたい。

さて、まずは新しい知識を得るために最もポピュラーと言える「読書」を通じての学び方だ。

　私は読書以上に「投資対効果」の高い勉強法はないと思っている。自分のペースでノウハウや知識を自由に手に入れられるからだ。

　それでは、読書を通じて効果効率的に勉強する方法「水平読書」について解説していきたい。私が長年、本を使って勉強するときに実践している読書法である。

　まずはその目的について整理しておこう。

　そもそも読書にはいろんな目的がある。単に読書習慣を身に付けたいから読む人もいるし、流行っている本だから話のネタがほしいので読む人もいる。

　だが、今回ご紹介する**「水平読書」の目的は明らかにそれらとは異なり、テクニックやノウハウを真剣に身に付けたいときに使う読書法だ**。この「水平読書」を覚えたら、もう自己流の読書術には戻れなくなるだろう。

「水平読書」3つの特徴

　さっそく「水平読書」について簡単に解説していく。

「水平読書」とは、同じテーマの本を5〜10冊ほど複数並べ、そのテーマの箇所だけ抜き取って読んでいく読書法である。

「5〜10冊」と聞くと「ギョッ」とする人もいるかもしれない。

　しかし、体系的に網羅的に勉強するためには、このやり方が最も効率的だ。それに最新の知識やノウハウでなければ、数年前に出版された本でも問題はない。中古で買えば、そんなに大金を使わなくてもいいはずだ。1冊500円程度（送料込み）で

手に入るのなら、5冊で2,500円。10冊で5,000円である。

　研修に参加するよりも、はるかに安いし、本は資産化するのだから割り切って「大人買い」してもらいたい。

　次に「水平読書」の3つの特徴について紹介しよう。

(1) 多視点からの情報収集

　水平読書1つ目の特徴は、「多視点からの情報収集」だ。勉強するにしても、まずどの角度で勉強したらいいか、わからないケースが多い。

　そういうときに「水平読書」は、とても便利だ。**同じテーマに関して複数の著者の本を読むため、専門家の多様な視点を得ることができる。**

　たとえば「ファシリテーション」に関する本を読んだとしよう。異なる著者の本を5〜10冊読むことで、ファシリテーションの様々な側面や応用方法を網羅的に知ることができる。

(2) 知識の平均値の理解

　水平読書2つ目の特徴は、「知識の平均値」を理解できることだ。

　ある著者は「ファシリテーションには傾聴が大事だ」と書いた。しかし別の著者が「ファシリテーションには主導権を握らなければならない」と力説していたら、どうだろうか。

　知識や経験が足りない人は、「どっちが正解なのだ？」と迷うに違いない。認知バイアスにかからない上でも大事なポイントだ。人間は、自分の都合のいい内容を目にすると、それ以外を

受け付けなくなる傾向がある（これを確証バイアスと呼ぶ）。

このような**バイアスにかからないためにも、テーマ全体の「平均的な理解」を得ることだ**。水平読書を通じ、複数の著者から共通して見られる考え方やテクニックを知ることができる。そのテーマに対するバランスの取れた理解が促されるのだ。

私は株式投資をする際に「水平読書」で様々な投資法を学び、検討することができとても役立った。

（3）体系的な知識習得

3つ目の特徴が「体系的な知識習得」だ。「水平読書」の目的は勉強である。読書が目的ではない。勉強であるがゆえに、枝葉の知識ではなく、体系的に、網羅的に知識を習得することが不可欠だ。

勉強するには「着眼大局・着手小局」の考えが不可欠。

「水平読書」を通じて様々な角度から情報を得ると、そのテーマに関する知識を体系的に組み立てられるようになる。単に情報収集するだけではなく、知識を統合し、より広い視野で物事を捉えられるようになる。

ファシリテーションというテーマであれば、どんな準備をすべきか。対象者に対する前提知識はどのように取得すべきか。ファシリテーションしやすい環境設定のやり方はどうか。導入部から課題設定は？　アジェンダの作り方、仕切り方、さばき方、意見の拡げ方、まとめ方、フォローのやり方など……。5〜10冊も読めば、気付くはずだ。「ファシリテーションって、いろんなことに気を付けないといけないんだ」と。そうして初め

て、「ネットで知り得た知識は、ほんの一部分だった」と理解できるようになる。

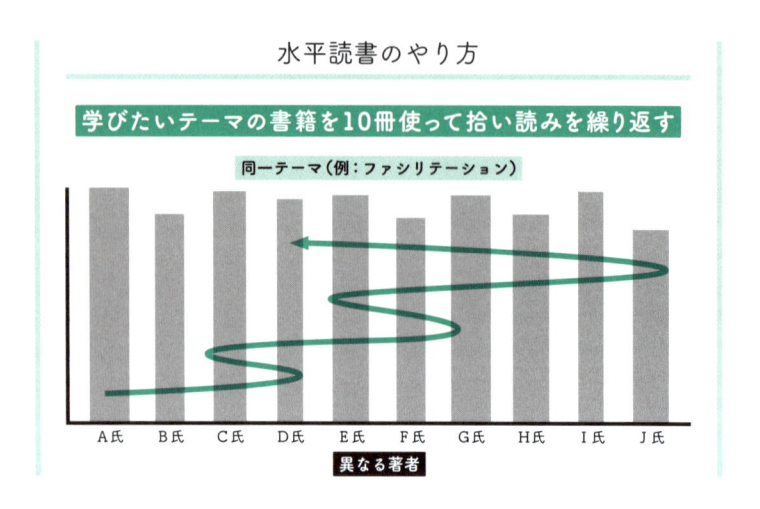

正しい「水平読書」のやり方４つの手順

　続いて「水平読書」の手順に解説する。手順は４つである。

（1）テーマを設定する
（2）テーマに沿った本を選ぶ
（3）テーマに沿った目次をチェックする
（4）チェックした部分だけ読む

　買い物でたとえたらわかりやすい。サンドイッチを作りたい。そのための材料をスーパーへ買いに行った。その際、食パンが売っているコーナー、卵やハムが売っているコーナーなど必要

なものが置いてある場所を目指すことだろう。目当ての材料が見つかったらそれらをカゴに入れていけばいい。

このようなやり方の読書バージョンが「水平読書」である。

スーパーで売っているものをすべて抜け漏れなくチェックするのではなく、「必要なものが売っているコーナー」だけを目指す、というやり方だ。

したがって「ファシリテーション」というテーマを掲げたのなら、そのテーマについて書かれてある箇所だけに立ち寄って読むのである。

もっと細かく「ファシリテーションの準備」だけを勉強したいなら、その箇所だけに立ち寄って精読すればいい。本を最初から最後まで読む必要はない。

「水平読書」用の本の選び方

「水平読書」用の本は、どのように選んだらいいのか？ 次にそのコツについて解説する。

可能であれば、図書館や大きな書店に出かけて、まずはリアルの本を手に取ろう。本選びのコツがわかってくれば、いきなりネット書店で買ってもいい。しかし、まだ慣れないときは、目次を最初から最後まで目を通すようにしたい。

目次を確認すれば、どんな内容を知りたいか、知るべきか、手がかりを見つけられるはずだ。**テーマに沿った内容が書かれている箇所を見つけたら、その周辺を1〜2ページぐらい読む。**

大きな書店であれば、同一テーマの本が近くに並んでいるは

ず。何冊か手に取って「目次読み」を繰り返すことで、どんな本を買えばいいかは、だいたい見当がつく。

　ただし、あまり読み込むのはお勧めしない。なぜなら時間をかけて立ち読みしてしまうと、「わかった気になる」ことが多いからだ。

「わかった気になる」と、その本を買う意欲が落ちる。最悪の場合、4〜5冊立ち読みをしてしまって、「だいたいわかった」と結論づけてしまうのだ。

　こういった心理効果を「ダニング＝クルーガー効果」と呼ぶ。知識がゼロだと自信もゼロだが、知識が少し身に付くと、いきなり自信過剰になる。そういった現象だ。本物のプロフェッショナルは謙虚だが、少しだけ学んだことがある人は意外と自信満々になるものだ。

　ダニング＝クルーガー効果を避けるためにも「わかった気になる」読み方はやめよう。

「この本には目当てのテーマが書かれていそうだ」

　そう感じたら、迷わず買うのだ。

　ちなみに「目次」を読んでも中身がわからないような本はお勧めしない。目次はランドマークだ。迷ったときの目安、道しるべになるべき存在だ。それなのに、その役割を果たしていない、わかりづらい目次の本は扱いづらい。

「水平読書」するのは一回だけではない。必ず何度も読むことになる。道に迷わないためのランドマークがない本を選ぶと、読むたびに道に迷う。どんなに有名な著者が書いた本でも「水平読書」には向いていないと判断しよう。

本を並べて「目次」を記憶する

　いきなり本を10冊も買うのは難しいかもしれない。それに、そんなに一度に同一テーマの本が手に入る大型書店も多くはないだろう。

　だったら最初は3〜4冊だけ買おう。3〜4冊買って、本を読む前にすべての「目次」をチェックする。

- ファシリテーターの心得
- ファシリテーターのキラーフレーズ
- ファシリテーションの準備
- ファシリテーションのための情報収集
- アジェンダの作り方
- 会議中の雰囲気づくり
- 合意形成の仕方……

　どの本の目次をチェックしても、ファシリテーションがテーマなら、このような共通するトピックが見つかるはずだ。体系的に理解するためにも、枝葉のようなテクニックが書かれてあるトピックも意識してチェックしよう。

　こういった作業をすると、たったこれだけでも相当な満足感を覚える。4冊本を買って、すべての目次をチェックし、勉強したいテーマに沿ったトピックに赤ペンで丸を付けたり、線を引くだけで、かなり「わかった気になる」ものだ。

　反復が脳の海馬を活性化させる。だから重要なトピックが記

憶として残るだけでもかなり有益な作業だ。読書したあとに「知識を思い出すトリガー」になってくれるから、この作業は丁寧にやっていこう。

さて、ここで私が気を付けているポイントを1つだけ紹介する。それは、**事例やコラムなどは飛ばす**ことだ。あとで時間があるときに読むようにする。最初は、ノウハウやテクニックを覚えることだけに集中するのだ。

チェックしたすべての目次の内容は一気に読んでほしい。時間をかけられる人は、飛ばさなくてもいいが、私のようなせっかちな人は、テクニックやノウハウだけを追いかけたほうが効率的だと思う。

1冊の本を超えて点と点を繋いでいく

チェックしたすべてのトピックを読むのに、どれぐらいの時間がかかるだろうか。たとえ4冊あったとしても、1時間もかかることはないだろう。

1冊目は少し時間がかかったとしても、2冊目からは、かなり速く読めるはずだ。なぜなら、同じような内容が書いてあるからだ。**1冊目に書かれてあった内容と異なるポイントだけに着目し、マーキングしたりメモを残せばいい。**

3冊、4冊も同一テーマの本であるから、読めばざっくりとした全体像がわかるはずだ。

全体像がわかったら、次は細部にも目を向けてみよう。とくに重点課題だと思う箇所（本当に実践する事柄）を再読するの

だ。どうせ実践で使わない限り、記憶には残らない。ここは徹底して割り切るべきだ。たとえば、

- ファシリテーションのための情報収集
- アジェンダの作り方
- オンライン会議でのファシリテーション術

について、さらに詳しく知りたい。来週から実際に意識してやってみたい。そう思える箇所を3〜4冊並べて詳しく読み込むのだ。重点的に覚えたい箇所を再読しながら、また、

- ファシリテーターの心得
- ファシリテーションのための準備

といった基本的なトピックを読み返してみる。そうすることで、「そうか。なぜアジェンダをこうしなくちゃいけないのか。ようやくわかった。準備段階の心得と繋がっているんだな」と、点と点が繋がっていく感覚を味わったら、かなり理解度のレベルは上がっている。1冊の本を超えて点と点が繋がっていく（コネクティング・ザ・ドッツ）ことで、どんどんと知識の幅が広がっていく。このテーマに関する興味・関心も、驚くほど湧いてくることだろう。

「水平読書」する本を３〜４冊追加する理由

とはいえ、ここで満足することなく、さらに３〜４冊は同一テーマの本を買って「水平読書」をしてみよう。

「もう、だいたいわかった」と思い込んではいけない。そう思った時点で「ダニング＝クルーガー効果」が働いていると受け止める。３〜４冊本を読んだからといって「わかった状態」になることは、断じてない。どんなテーマであってもだ。

それに、たとえ「何冊読んでも一緒だった」という結果になったとしてもいいではないか。**違う専門家が同じようなことを本に書いているのであれば、そのテクニックやノウハウに対する信頼度はさらに高くなる。**「読んで損した」という感情を抱くべきではない。同一テーマの本の、同一のトピックを読めば、より一層多様な視点が手に入るはずだ。

「アジェンダはこう作るのか」

「このような会議の進め方のほうが自社に合っている」

「この著者はアナウンサーか。だからこの本で紹介されているやり方は、他と違うんだ」

本を読み比べるといろいろな発見がある。そのテーマに対する見識が爆発的に増えていく。

「たかがファシリテーションと思っていたけど、シチュエーションによって随分とやり方も変わるんだな」

多くの経験をしないと身に付かない見識が、10冊近く読むだけで、ある程度身に付いてしまうのだ。

こうして体系的にノウハウを覚え、深く理解することで、自

分が実践するときはどうしたらいいのか。具体策もイメージできるようになる。

　また、実際にやってみてうまくいかなければ、もう一度「水平読書」を試みてほしい。チェックを付けた「目次」を頼りに、再びザーッと10冊ほどに目を通すのだ。すると、確実に新たな発見があるはずだ。

「そうか！　出席者の事前情報を正しく収集できていなかった。それを忘れていた」

　どの本で、その重要なポイントを見つけられるかはわからない。だから複数の本を並べて「水平読書」をするのである。「水平読書」を反復することで、重要な知識が脳の短期記憶（ワーキングメモリ）にしっかり格納される。何かあったとき、すぐに思い出せるほど記憶に残る。

　まさにこれが「ダム勉強」である。

「水平読書」の手順

「水平読書」…テクニックやノウハウを身に付けたいときに使う読書法

（1）テーマを設定する
→身に付けたいテクニックやノウハウを明確にする

（2）テーマに沿った本を選ぶ
→コツがわかるまでは実際に本を見て決める
→理想は10冊、「一度にまとめて」が難しい場合には3〜5冊で、あとから追加する

（3）テーマに沿った目次をチェックする
→慣れないうちは、目次を最初から最後まで目を通す

（4）チェックした部分だけ読む
→勉強したいテーマに沿ったトピックに赤ペンで丸を付けたり、線を引く
→共通の部分を探し、全体像を理解する
→事例やコラムは飛ばす

点と点を繋げて知識の幅を広げていく

17 読書術を取得する②

超一流の思考を盗む
「垂直読書」徹底解説

コンサルタントが優れていると思われる理由

　人の市場価値は「スキルセット」と「ナレッジベース」が豊富なことで高まっていく。「経験」と同様に、客観的に評価しやすいスペックだからだ。

　しかし実際は、ビジネスにおいてこれらのスペック以上に強力なファクターがある。

　大学にも行ったことがない、難関な資格も持っていない私が、他コンサルタントよりも優れていると自覚しているもの、それが「コンピテンシー」である。

　コンピテンシーとは、高いパフォーマンスを発揮する人の行動特性である。どんなに高学歴でも、どれほど知識が豊富であっても、以下のような行動特性がなければビジネスにおいて成果を出し続けることは難しい。

・目標達成するまで諦めないマインド
・困難な出来事に直面しても乗り越えようとする執念
・一度決めたらやり通そうとする継続力

　2022年のベストセラー『人を選ぶ技術』（小野壮彦著、フォレスト出版）でも明確に記されている。「スキル」「知識」「経験」はわかりやすく、客観的に評価しやすい。

　しかし、外からは見えづらいコンピテンシーはより一層、その人の価値を正確に評価する要素になり得ると。

人の市場価値を測る５つの切り口

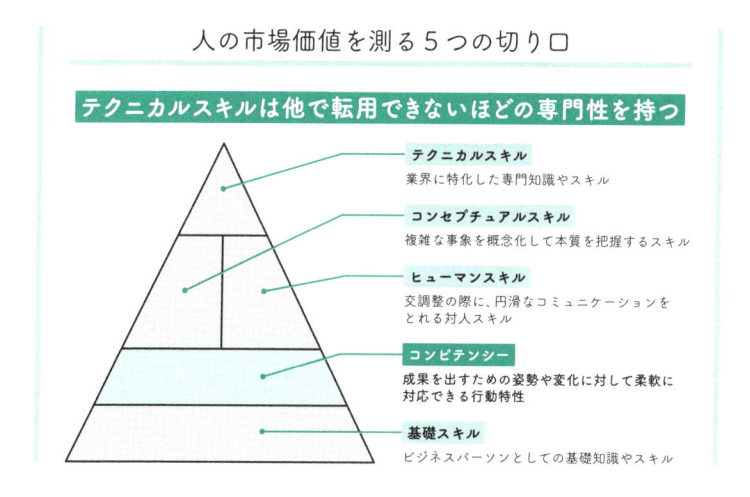

テクニカルスキルは他で転用できないほどの専門性を持つ

テクニカルスキル
業界に特化した専門知識やスキル

コンセプチュアルスキル
複雑な事象を概念化して本質を把握するスキル

ヒューマンスキル
交渉調整の際に、円滑なコミュニケーションをとれる対人スキル

コンピテンシー
成果を出すための姿勢や変化に対して柔軟に対応できる行動特性

基礎スキル
ビジネスパーソンとしての基礎知識やスキル

　こうしたコンピテンシーは一体どのようにして身に付けられるのだろうか？

　眼前に立ちはだかる困難に怯えることなく前進できるようになるためには、経験を積むことしかないのだろうか？

　いや、そうとも限らない。

　たしかに経験は必要だろう。だが、その経験が少なくてもコンピテンシーを鍛えられるように準備することはできる。まさに、私が実践してやってきたことだ。

　そこで、今回提案したいのが「垂直読書」だ。

「垂直読書」とは、本のテーマとは関係なく、同じ著者の本を連続して読み、その著者の思考パターンを手に入れる読書法のことである。

今回は、この「垂直読書」のやり方を徹底解説していく。

垂直読書をしながら成功者の「かばん持ち」をする

人は一緒にいる人の思考パターンに、自分の思考も似てくるものだ。これは「ミラーニューロン」と呼ばれる。

脳には「ミラーニューロン」という、周囲の人の言動を無意識のうちに模倣してしまう神経細胞がある。緊張している人の近くにいると自分も緊張してくるのはミラーニューロンの働きが原因だ。

付き合う人が変われば、脳のミラーニューロンへの刺激が変わる。

そのため、知らないうちに脳が反応し思考パターンが変わるのだ。私たちはよくこれの現象を「感化」と呼んでいる。

昔は「かばん持ち」という慣習があった。優れた社長と寝食をともにすることで、社長が常日頃から考えていることが頭にインストールされていく。

しかし、この「かばん持ち」はタイパ（タイムパフォーマンス）が悪い。ロールモデルとなるような優秀な人が近くにいるとも限らないし、今では現実的ではなくなった。

ここで役立つのが「垂直読書」だ。

思考を盗みたいと思える著者の書籍をテーマに縛られること

なく積極的に読み進めてみよう。その過程で著者の思考パターンを知らず知らずのうちに自分のものにできる。「かばん持ち」と疑似体験ができるのだ。

「垂直読書」をするための著者はどう選ぶのか？

それでは具体的に「垂直読書」をどう実践するのか。３つの手順を解説していきたい。

(1) 著者を選ぶ
(2) その著者の本を複数選ぶ
(3) 一気に精読する

まず「垂直読書」する著者を選ぼう。

たとえば松下幸之助、稲盛和夫、デール・カーネギー、ピーター・ドラッカーといった、名著、世界的ベストセラーの多い著者を選んでもいい。

もう少し身近に感じられる著者でもいい。そういう著者であれば、SNSをフォローできたり、YouTubeをチェックできたり、講演やセミナーにも参加できるかもしれない。

ただ、**10冊以上は本を出している著者を選びたい**。たとえば私は、小宮一慶氏、田坂広志氏、細谷功氏、勝間和代氏、樺沢紫苑氏、平野友朗氏が書かれた書籍は、どんなテーマの内容であろうが買って読むようにしている。

小宮一慶氏を例にあげれば、『「１秒！」で財務諸表を読む方法』（東洋経済新報社）、『「ROEって何？」という人のための経営指標の教科書』（PHP研究所）といった財務諸表を扱ったものから、『社長の心得』『社長になれる人、なれない人』（ディスカヴァー・トゥエンティワン）といった経営者向けのもの、『ビジネスマンのための「読書力」養成講座』（ディスカヴァー・トゥエンティワン）『日経新聞の「本当の読み方」がわかる本』（日経BP）といった読書術を紹介したもの、『なれる最高の自分になる』（ディスカヴァー・トゥエンティワン）『あたりまえのことを バカになって ちゃんとやる』（サンマーク出版）といった自己啓発的な書籍まで、私はジャンルを問わずすべて読み漁っている。

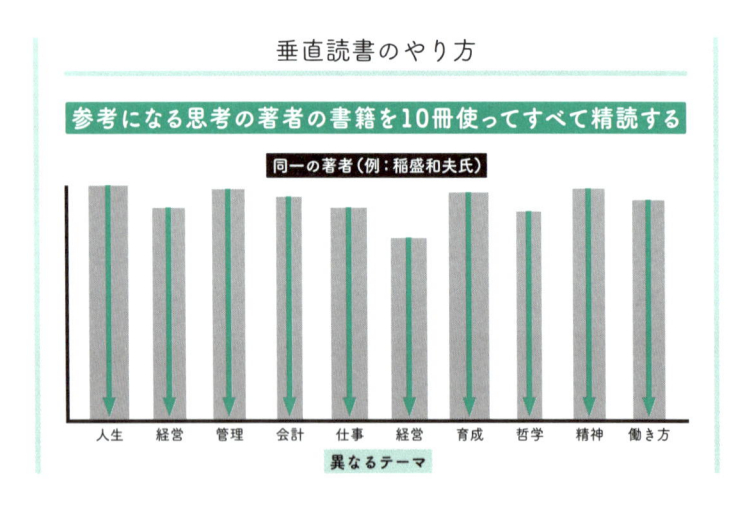

垂直読書のやり方

参考になる思考の著者の書籍を10冊使ってすべて精読する

同一の著者（例：稲盛和夫氏）

| 人生 | 経営 | 管理 | 会計 | 仕事 | 経営 | 育成 | 哲学 | 精神 | 働き方 |

異なるテーマ

「以前出された本とよく似ているな」
「知っている内容が多そうだ」

　と思ったら、買おう。社長の「かばん持ち」をしていたらわかるはずだ。最初のうちは社長が言っていること、考えていることが新鮮に感じられ、そのたびにメモをとるはずだ。しかし何か月もしてくると、

「いつも同じことを言っている」

「やはり、そう言うと思った」

　と、パターンが読めてくるものだ。

「垂直読書」の目的は思考パターンを盗むことにある。だから、

「いつも同じことが書かれてある。目新しさがなかった」

　という読後感を覚えることが大事だ。

「垂直読書」するための書籍の選び方・読み方

　このように、日頃から読書を通じて、気になる著者、憧れを感じる著者、ロールモデルとしたい著者を探しておこう。

　次に、その著者が生きた証、生き様が強く反映された作品を複数選んで購入する。

　たとえ「財務」のことが書かれた書籍であっても、「ロジカルシンキング」や「時間術」のテーマの書籍であっても、それらの作品を通じて著者の人生、経験、価値観、情熱を感じとることができるのなら読もう。

　そして、どっぷりと浸かるように読むのだ。積極的に「感化」されにいく。

　最後に、読み方である。「水平読書」で紹介したような、必要な箇所だけを「拾い読み」するのではなく、可能な限りプロロ

ーグからエピローグまで精読しよう。

「ああ、この著者らしいな」

「このエピソード、他の本にも書いてあったな」

「こういうとき、この著者ならこう行動するよな」

　と思えるようになったら、うまく「垂直読書」できていると受け止める。

　好きなアーティストの音楽を聴いているような感覚を味わうのだ。

「垂直読書」するときに注目してほしい2つの出来事

　どんな著者でも、何かを成し遂げるまでに次の2つの出来事を経験している。

- 葛藤
- 衝突

　この「葛藤」と「衝突」に焦点を合わせて読み進めよう。困難な出来事、高い壁にぶち当たったとき、必ず葛藤するものだ。誰かと衝突するものである。

　そのとき、どんな視点で物事を見て乗り越えたのか。どんな行動を繰り返して、周りの期待に応えたのか。

　ここが著者の「コンピテンシー」を知る上で最も重要な手がかりとなる。

　参考になるのは、専門の分野で新たなテクニックやノウハウ

を編み出したときに考えたこと、また、そのときに心掛けたことだ。この点についての記述は、味わうように、何度も読んでみよう。

垂直読書の３つのメリット

最後に「垂直読書」の３つのメリットをまとめたい。

（1）著者の思考パターンを理解できる
（2）多角的な思考が手に入る
（3）困難の乗り越え方を見つけられる

１つ目のメリットは、やはり著者の思考パターンをしっかり理解できるようになることだ。

１冊や２冊では無理だが、連続して４〜５冊をシャワーを浴びるように読んでいると、まるで「かばん持ち」をしているような錯覚を味わうことがある。

著者の気持ちや信条が手に取るようにわかり始めるのだ。単なるノウハウや知識ではなく、著者の思考パターンが理解できるようになると、まるで自分も同じような視点で物事を受け止められるようになっていく。

２つ目のメリットは、１つの視点にとらわれない多角的な思考が手に入ることだ。「垂直読書」を続けていると、
「こんな成功者でも、このような時代があったなんて」
「こんな気持ちの切り替え方があるのか。やはり違うな」

と、驚くことがある。

「そこで、そのように決断できるって凄いな」

　小説の中に登場する人物ならともかく、ビジネス書の著者である。現実に存在する等身大の人間だ。私たちが見習えることはたくさんある。

　小宮一慶氏の『ビジネスマンのための『読書力』養成講座』（ディスカヴァー・トゥエンティワン）という書籍を私はよく読み返す。この書籍の冒頭には、小宮氏が幼いころに「読書音痴」であったことが書かれてある。そして読書を通じて財務の知識を得たり、コンサルティングの腕を磨いたりしたとも書かれてあり、驚かされる。カリスマ的な恩師に鍛えられたわけでもなかったわけで、大変勇気づけられる内容だ。

　このように、困難な状況をどう乗り越えたのか？　その具体的な解決策を見つけ出せるのも大きい。これが3つ目のメリットである。

　自分では決して経験できないことを、このような偉大な先人たちが代わりに経験し、新たに得た知見を披露してくれるのだ。

　著者に実際に会って話を聞くのもいいが、私たちが知りたい内容は、ほとんど本に書かれてある。

　強い負荷をかけて記憶に残そうとしなくてもいい。シャワーを浴びるように何度も読み返そう。楽しく「垂直読書」ができるようになると、確実に「コンピテンシー」は鍛えられていくだろう。

これからの時代の「ポータブルスキル」

これからの時代は「手に職を付ける」はもう古い

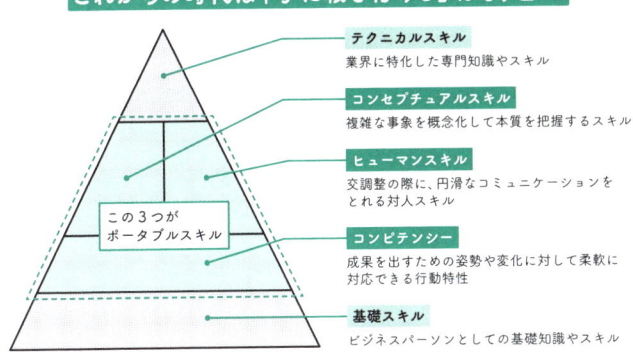

テクニカルスキル
業界に特化した専門知識やスキル

コンセプチュアルスキル
複雑な事象を概念化して本質を把握するスキル

ヒューマンスキル
交調整の際に、円滑なコミュニケーションを
とれる対人スキル

コンピテンシー
成果を出すための姿勢や変化に対して柔軟に
対応できる行動特性

基礎スキル
ビジネスパーソンとしての基礎知識やスキル

この3つが
ポータブルスキル

「垂直読書」の手順

「垂直読書」…その著者の思考パターンを手に入れる読書法

(1)著者を選ぶ

➡10冊以上、本を出している著者

(2)その著者の本を複数選ぶ

➡ジャンルは問わず、著者の人生、経験、価値観、情熱を感じとることができる本を選ぶ

(3)一気に精読する

➡プロローグからエピローグまで精読する
➡「葛藤」と「衝突」に焦点を合わせて読み進める

3つのメリット
• 著者の思考パターンを理解できる
• 多角的な思考が手に入る
• 困難の乗り越え方を見つけられる

18 デジタルスキルを習得する

時代に取り残されない「デジタルスキル」を身に付ける３つのポイント

多くの人が勘違いしている「デジタル人材」の定義

　本書では「コンセプチュアルスキル」や「ヒューマンスキル」を中心に扱ってきた。しかし、これからの時代、どうしても避けて通れないのが「デジタルスキル」である。

　効果的に勉強するためにも「デジタルスキル」は絶対に身に付けておいたほうがいい。

　しかし「デジタルスキル」について、多くの人が勘違いしているようだ。

　たとえば「リスキリング」と聞くと、ITリテラシーを身に付けること、IT人材になることを想起する人が多い。確かに各種調査によれば、取り組みたいリスキリングのテーマには「デジタル関連」が多い。語学などと一緒に、プログラミングやデータサイエンス（データ分析）、インターネットセキュリティなどが並んでいる。

　IT企業の社員への意識調査ならともかく、一般企業の社員が対象なのに、である。ITに精通している人なら理解できるだろうが、こういった調査結果には強い違和感を覚える。

　おそらく多くの人が、IT人材とデジタル人材を混同している

と私は思う。

IT人材とは、IT技術に精通しており、情報システムの設計や開発、導入、運用を担う人材だ。会社の中でいえば情報システム部門で働いている人がIT人材と言えるだろう。

したがって、先述した調査結果で上位にランクインした「プログラミング」「データサイエンス」「インターネットセキュリティ」などは、IT人材用のスキルである。

リスキリングとは、新しい職業に就くために、新しい知識やスキルを手に入れることを指す。

システムエンジニアが会計の勉強をしたり、税理士がマーケティングのスキルを身に付けたりすることはリスキリングと呼べる。目先の仕事をするのに必ずしも役立つわけではないが、将来を考えたら勉強しておいたほうがいいと受け止めたものがリスキリングのテーマになる。

つまりIT企業に転職する気がない限り「プログラミング」や「データサイエンス」を勉強する必要はない。

いっぽう**デジタル人材は、導入されたIT技術、情報システムを活用して会社に貢献したり、新しい付加価値を生み出したりする人を指す。**すべてのビジネスパーソンが対象だ。

一般企業で務める人はデジタル人材を目指そう。そしてデジタル人材になるには、プログラミングやデータサイエンスといったスキルよりも、日常業務でのデジタル技術の活用に焦点を合わせるべきだ。

だから、わざわざ研修を受けたり、資格を取得したりする必要はない。大事なことは「苦手意識」を克服することだけだ。

60歳、70歳になっても、いつからでもデジタル人材になることができる。

👍 「デジタル人材」は馬を育てなくてもいい！

馬でたとえると、わかりやすいのではないか。

IT人材は、馬の種付け、出産から離乳、調教からトレーニングをする人だと考えればいい。馬具の開発や育成牧場のメンテナンスなども含むと、広範囲の知識やスキルが必要だ。

その点、デジタル人材は、そのように育てられた馬を乗りこなすことができる人材だ。単なる乗馬でも、それなりの訓練は必要だ。しかし馬を育てて調教する人と比べれば、そこまで時間と労力をかけなくてもいい。

IT人材とデジタル人材はそれぐらい異なるのだ。

私はもともとシステムエンジニアだったので、生粋のIT人材だった。IT人材は「モノづくり」と似ている。そのため相応の技術が必要だ。しかも技術の進化スピードはとても速い。未経験者がスキルを身に付け、仕事に役立てるのは容易ではない。

いっぽうデジタル人材は成果を出すためにITツールを「使いこなす」ことが求められる。ハッキリと書こう。IT人材に必要なスキルと比べ物にならないほど簡単だ。苦手意識がある人はそれを克服し、覚えて慣れるだけでいい。

- 上司に報連相するとき
- お客様との商談の準備をするとき

• 企画書のフォーマットを標準化するとき

　このようなシチュエーションで最先端のデジタル技術を日々使いこなしていく。それだけでデジタルスキルを身に付けることは可能だ。

便利なアプリをどこまで使いこなせているか？

「たかがそれだけ？」おそらく拍子抜けする人が多いと思う。しかし「それだけ？」という感想を持たないでほしい。たとえば、Amazonや楽天で買い物することができない人はどれぐらいいるだろうか？　おそらく多くの人はできるはずだ。

　スマホのコード決済はとても便利だが、面倒に感じる人も多い。ネット証券で投資信託を買いたいと思ってチャレンジしたけれど途中で断念した人も少なくないはずだ。なぜか？

　設定がわかりづらいからだ。昨今のアプリは直感的に理解できるようにUI（ユーザーインターフェース）が設計されていて、丁寧な取扱説明書がない。使いながら操作を覚える人が大半で、慣れない人にとっては時間がかかるし、面倒だと感じる。

　とくに「わからないことがあると、すぐ誰かに聞きたがるような人」は、このハードルを乗り越えられない。

「ネット証券で取引したいと思ったけど、開設した口座にどうやって入金したらいいかわからない。誰か教えてくれ」

　ついつい誰かに頼りたくなる人は、周りに教えてくれる人がいないと、そこで断念してしまう。

ヘルプ機能を参照すれば、だいたいの悩みは解消できるはずなのだが、ヘルプ機能の使い方に慣れてないので、それさえやらない。操作説明会をしても、マニュアルを作って渡しても、覚える気がない人が大半だ。

デジタルスキルを身に付ける3つのポイント

　デジタルスキルを身に付けるには、まずどんなアプリをも使いこなせるようにすることが大事だ。たとえ必要でなくても、慣れるために「本を電子書籍で読む」「コンビニではコード決済で支払う」「Notionでメモをとる」といったことをやってみてはどうか。

　たとえば誰もが使っているメールやスケジュール管理のアプリを、使いこなすことから始めてもいい。意識してほしいポイントは3つある。

（1）基本操作の習得
（2）基本操作の説明
（3）パーソナライズ

　まずは**自分が使うアプリの基本操作ぐらいは完全に理解しよう**。誰か詳しい人に頼るのではなく、基本操作ぐらい自力で覚えるのだ。その際に注意すべきことは2つ。「メニュー」と「ヘルプ」である。操作メニューに表示される機能は、たとえ使わないと思ってもすべて試して覚える。どういう機能かわからな

い場合は、ヘルプ機能を使って調べるのだ。

慣れない人には、少し面倒かもしれない。半日かかっても、全容を理解できないときがあるだろう。しかし諦めないでほしい。慣れてくればすぐにコツを掴むことができる。アイコンを見ただけでどんな機能か想像することもできるようになる。

基本操作を覚えたら、誰かに操作方法を説明してみよう。説明しているうちに、自分がわかっていない機能などが明らかになっていくはずだ。その人と一緒に

「**これはどうやって使うんだろう？**」

「**このアイコンはどういう意味だ？**」

と探ることができる。誰かに説明を求められても、教えられるぐらいに基本操作を理解できたら十分だ。

最後にお勧めするのが、パーソナライズだ。**基本操作をだいたい覚えたら、使い勝手をよくするために自分用にカスタマイズしていこう。**たとえばメールアプリなら、

- 受信メールの項目や並べる順番を見やすくする
- 受信メールをフォルダに仕分けする
- 差出人や件名によって自動で振り分けする

自分の中に基準、ルールを作り、それに合わせてアプリをカスタマイズできるようにする。多くのアプリがパーソナライズできるような機能があるため、作業を効率化するためにも使いこなそう。

1つ上のデジタルスキル「データ収集」2つの視点

　デジタルスキルを手に入れるには「馬を育てる必要はない。馬に乗れたらいい」と書いた。便利なアプリを作らなくてもいい。アプリを使いこなせるようになればいいのだ。最新のデジタル技術を活用して、新しい付加価値を生み出すことができれば、1つ上のデジタルスキルが手に入る。

　そのためには次に紹介する2種類のデータ収集ができるように、日々心掛けていこう。効率的にデータ収集できることで問題解決力は格段にアップするはずだ。

（1）仮説を立てるためのデータ
（2）仮説を検証するためのデータ

　何らかのアイデアを出す際、個人の意見やヒラメキに頼る時代ではなくなった。外部環境（社外）、内部環境（社内）の情報を正しく収集しないと説得力のあるアイデアを出すことはできない。そのためにも、マーケット情報、業界動向などを日頃から収集しておこう。

　必要になったとき、場当たり的にネット検索するようでは、問題解決力を上げることができない。

　このような外部環境を収集できるツールはいくらでもある。有料課金のツールも多いが、昔と比べると驚くほどリーズナブルだ。このようなツールにお金を支払うことができることも、デジタル人材の条件と私は考えている。

　内部環境のデータを収集するためには、社内の業務システムを使いこなそう。アナリティクス解析が実装されているアプリも多い。データをCSV形式で出力し、エクセルなどで加工すれば問題発見のスピードは格段に上がるはずだ。プログラミングの技術は要らないし、データサイエンティストほどの高度な技術も要らない。

　当社のアシスタントは全員、このぐらいの作業はできる。特別な訓練などはしていない。日々、いろいろなデジタルツールを試し、慣れた結果だ。

　またデジタルスキルを身に付けるには、ITやデジタルに関する知識よりも、コンセプチュアルスキルとヒューマンスキルがとても大事だということも覚えておいてほしい。仮説を立てる力がなければ、どのようなデータを収集すべきかわからないし、立てた仮説を検証するためには、組織内のキーパーソンに質問すべきときもあったりする。

　つまり、**デジタルスキルを身に付け、デジタル人材になるには、コンセプチュアルスキルとヒューマンスキルさえ磨いておけば、あとは最先端のデジタルツールに慣れて使いこなすだけでいい**ということなのだ。

19 検索スキルを習得する

圧倒的な情報収集を可能にする
検索スキル「水平検索」

なぜ「検索スキル」がこれほど重要なのか？

ベテランのコンサルタントが、若いコンサルタントに追いつかれ、すぐに引き離されてしまうスキルがある。それが「検索スキル」である。この能力は、デジタルスキルと似ている。**コンセプチュアルスキルやヒューマンスキルと異なり、時代とともに常にアップデートさせ続けなければならない能力だからだ。**

勉強するときも、高い検索スキルがあれば大きな恩恵を得られる。わからなかったことがわかるようになるには、点と点とを繋ぐことが大事だ。書籍から得た知識、研修講師から教えられたノウハウ、仕事によって得た経験が相互に繋がって、

「ああ、そういうことか」

と腹に落ちる。単なる用語の意味を知るためなら辞書を使えばいい。しかし本当に理解するためには、専門家の知見や事例までも参考にできれば鬼に金棒だ。

本や研修ではあまり学べないスキル、知識を学ぶときも、検索スキルは大いに役立つ。

「検索スキル」とは、入手したい知識や情報をスピーディに調べる力である。当然のことながら、デジタルスキルが高いほど

「検索スキル」も向上させやすい。

　それでは、どのように検索スキルを高めればいいのか。詳しく解説していこう。

🔲 「世界でいちばんよく知っている人は誰か？」を探す

　何かを知りたい、調べたいと思って検索する際、最も意識すべきことは実のところ「人」である。知りたいことに「答えてくれる相手」である。ツールで考えてしまうと、いつもGoogleやYouTube、X（旧Twitter）などに頼ることになる。

　しかしツールではなく「人」で考えたら、期待どおりの成果は得られやすいだろう。ポイントは次の2つだ。

（1）世界でいちばんよく知っている人
（2）世界でいちばんわかりやすく説明してくれる人

　たとえば、「A商事の社長が考える来期戦略」を知りたいとする。こういうケースでGoogleやYouTubeを使って検索する人はいないだろう。社内の誰かに聞いても、誰もわからないはずだ。したがって、正解は次のようになるのかもしれない。

（1）世界でいちばんよく知っている人 ➡ A商事の社長
（2）世界でいちばんわかりやすく説明してくれる人 ➡ A商事の専務

「Ａ商事の社長が考える来期戦略」はもちろん、Ａ商事の社長が世界でいちばんわかっている。しかし、それをわかりやすく説明できるのは社長自身ではなく、右腕の専務かもしれない。

このような視点で物事を考えれば、頭を整理しやすいだろう。

次のようなことを知りたい場合も、Google のようなサーチエンジンで検索したいとは思わなくなるはずだ。

- 2030年までの日本の建設業の動向
- SaaS企業の新卒採用の条件
- 50代からリスキリングするのに役立つ書籍

Google で検索したら、まず広告メインのサイトが上位に表示されるはずだ。SEO対策に力を入れている大手サイトが引っかかり、いつの間にか検索しているテーマとは違うページに誘導されているかもしれない。必ず「人」を意識して検索するように心掛けよう。

さて勉強目的で検索する場合は、もっと抽象度の高い事柄が対象になる。「地頭力を高めたい」と考えたとき、そもそも地頭力とは何か？　論理思考力とは何が違うのか？　このように考えて、いきなり Google や YouTube、SNSで検索してもいい。しかし、**検索で引っかかったサイトや動画を参照する場合、必ず発信者を確認しよう。**

「そのテーマについて世界でいちばん知っている人かどうか？」「世界でいちばんわかりやすく説明してくれる人かどうか？」である。もちろん厳密に世界一でなくてもいい。しかしそれぐら

い極端な視点で検索しないと専門家でもないインフルエンサーの発信や、お金の力で検索上位に閲覧されるようになったサイト運営者のカモになる。

トップコンサルタントの「水平検索」

何かを知りたいとき、世界でいちばんわかっている人、世界でいちばんわかりやすく説明してくれる人に答えてもらうのがベストだ。しかし、現実的には難しい。勉強に役立つ用語やノウハウなど、抽象度の高いことを知りたい場合はならなおさらだ。誰がナンバー1か、わかりづらい。

そこで私がおススメするのが「水平検索」だ。これは読書法である「水平読書」とよく似ている。

「水平検索」とは、検索したいテーマについて解説されているサイトや動画を複数チェックし、そのテーマの意味、背景、周辺知識を調べることだ。

たとえば本を読んでいてもわからない単語が出てきたとしよう。「地頭力」「具体と抽象」「ロジックツリー」「DX」「人的資本」「生成AI」といった言葉について調べるとする。

複数のWEBサイトやネット記事、YouTubeの動画で検索し、検索結果の共通点を抽出する。それだけで、ある程度の知識は手に入るはずだ。ただ、その際には必ず発信者が信頼できる人かをチェックする。世界一かどうかはわからなくても、それぐらいはできるはずだ。チェックポイントは次の2つである。

（1）記事の広さ
（2）記事の深さ

　よほど希少なテーマでない限り、無名の個人が発信しているサイトは参考にすべきでない。たとえば「地頭力」という知識を知りたいと思って検索したとする。Googleで検索してみればわかるとおり、数えきれないほどのサイトが引っ掛かるはずだ。

　そのため、そのテーマにおいて専門家が発信しているかどうかを確認する。記事の広さをチェックすればすぐにわかる。

　記事の深さも大事だ。表面的なことが書かれてあるだけなら「なんちゃって専門家」だ。しかし、自分の体験談や応用事例など、細かいディテールまで書かれてあるなら奥行きのある知識を身に付けられるだろう。つまり発信者が理解レベル4に達しているかどうかをしっかり確認するのだ。そうすれば知識のみならず、発信者の知恵も借りることができる。

「水平検索」には最低5種類のサイトをチェック！

　水平検索をするには少なくとも5種類のサイト、動画をチェックしよう。2〜3種類で終わってはいけない。3つのうち、1つでも自分が予想していた結果を見つけてしまうと確証バイアスから逃れられない。どんなに素晴らしい専門家のサイトであっても、5種類以上は見つけて内容を照らし合わせてみよう。

　信頼できる専門家の記事で複数調べたら、だいたい同じことが書かれてある。動画で確認してもそう。パターンがわかって

くる。**5種類の専門サイトのうち、3～4種類で同じことが解説されていたら、信頼してもいいだろう。**

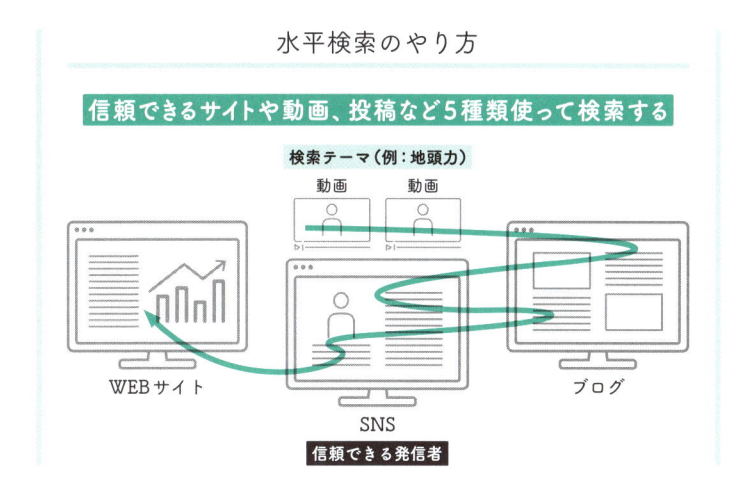

水平検索のやり方

信頼できるサイトや動画、投稿など5種類使って検索する

検索テーマ（例：地頭力）

動画　動画

WEBサイト　　　SNS　　　ブログ

信頼できる発信者

　体系的な知識を身に付けるための勉強目的なら「水平読書」を強くお勧めする。しかし、ちょっとした知識を知りたいぐらいなら、このように「水平検索」を試してみよう。検索スキルを鍛える訓練にもなる。

　たとえば「KPI」について、検索したとする。すると「KPI」の意味だけでなく、同じように「KGI」や「KSF」の定義もサイトに解説されていたり、財務の指標としての「KPI」はどんなものがあり、営業部門ではどのように「KPI」が使われ製造部門ではどう活用されるものなのかといったいろいろな活用法が紹介されていたりする。

　「KPI」を軸にして水平検索することで、いろいろと知恵が湧いてくるはずだ。

ネット検索する前に必ず検索しておきたい場所

　ところで、インターネットで検索するのはいいが、その前に必ず別の場所で事前に検索するクセも付けておきたい。その場所とは以下の2つである。

（1）頭の中（脳の長期記憶）
（2）記録メモ

　まずは検索する前に、いったん考えよう。短期記憶（ワーキングメモリ）に入っていなくても、長期記憶にアクセスしたら見つかるかもしれない。
「言われてみればそうですね」
「よく考えたらそうでした」
　が口癖の人はとくに要注意だ。考える力が衰えている可能性がある。既に長期記憶に入っているのにもかかわらずネット検索したり、誰かに尋ねてばかりいると、脳から知識を引っ張り出す力が衰えていってしまう。
　脳内を検索しても見つからないのなら、自分が記録したメモや昔読んだ本にアクセスする。もちろん「メモ資産」がない人は今すぐにでもこの資産を増やすよう心掛けてほしい。そうでない限り、いつまで経っても検索スキルは向上しない。
　一度検索して手に入れた知識はどこかに記録しておくべきだ。そうしないと、また検索することになる。こんな非効率的なことをしていたら、高度情報時代を乗り切ることはできない。

本で調べたら、その本に記録したり、付箋紙にメモをして貼ったりしておく。紙のメモやノートでもいい。ネットで検索したらネットのアプリでメモをするのもいい。

マメな人はメモの一元管理に挑戦しよう。検索機能が高いメモアプリを使うといい。トップコンサルタントは、こういったメモの資産家であることが大半だ。

現代の「検索スキル」は昔の「調査スキル」と同格

単純な言葉の意味や活用方法ぐらいを知りたいなら、Google や YouTube の検索コマンドを知るだけでいいかもしれない。

しかし今の時代の「検索」は、昔の時代の「調査」と同じぐらいレベルの高いことができるようになった。スキルさえ鍛えておけば、素人であっても、それなりの「調査」ができるようになるのだ。

「この業界が抱えている課題は何か？」

「昨今の採用市場はどのように変化しているのか？」

「どんな新事業なら大きな利益を上げることができるのか？」

「検索スキル」を応用すれば、コンサルタントのお家芸である「内部環境分析」「外部環境分析」さえ、ざっくりとできるようになる。データや情報のありかさえ押さえておけば、その状況に合った情報をスピーディに検索し、分析できるようになる。

「検索スキル」は現代において必須のスキルである。

情報感度を高い状態に保ち、このスキルをアップデートし続けていこう。

20 練習法を取得する

社会人に最適な超効率的に スキルアップする「分解統合練習」

練習の目的は「わかる」➡「できる」

　私がコンサルタントとしても、経営者としても成果を出せるようになったのも、効果的に「勉強」ができたからだと考えている。ただ「勉強」だけではない。「練習」のやり方もかなり効果的であったと自負している。

　勉強の成果は「わかる」ではなく「できる」である。本を読んだだけでも「わかる」は得られる。しかし「できる」は手に入らない。わかりやすいのが語学だ。頭で理解できても、ペーパーテストで100点をとったとしても、練習をしなければペラペラ喋ることは難しい。

　そこで、ここでは効率的な「練習のやり方」について解説する。その名も「分解統合練習」である。

　練習のやり方を知らないと、どんなに練習を重ねてもスキルは磨かれない。

　子育てにも有益なので、部下育成や子どもの教育に悩んでいる方は、ぜひ最後まで読んでもらいたい。

超効率的な練習法「分解統合練習」とは？

「研修を受けても全然身にならない。研修は意味がないような気がする」

　ある社長にそう言われて、驚いた。「どんな研修を受けたのか？」と聞けば、「営業4人を2日間のプレゼン研修に参加させた」と言うではないか。社長は研修や研修講師に問題があると主張しているが、果たして本当にそうなのだろうか？　練習が足りないだけではないのか？　まだスキルが十分に開発されていない人にとっては練習が不可欠だ。どんなに素晴らしい研修を受けたとしても「わかる」が「できる」に変化しない。

　とはいえ、忙しいビジネスパーソンはなかなか時間を確保することが難しい。今回紹介する「分解統合練習」は、そんな忙しいビジネスパーソンにぴったりな練習方法だ。

　元システムエンジニアの私は、いろいろなことにシステム開発の考え方を役立てている。練習のやり方もそうだ。この「分解統合練習」はとても効率的なので、ぜひ試してもらいたい。

「分解統合練習」の考え方

　手順は簡単だ。**練習が必要な動作だけを切り取ってモジュール化し、その部分だけの練習を繰り返す。**無意識のうちにできるようになったら、そのモジュールを結合して、また練習する。この繰り返しをするだけだ。

　練習の対象が広ければ、次のように3階層に分けてみる。

- 全体動作
- コンポーネント
- モジュール

　たとえば、走る練習で考えてみよう。コンポーネントは、足の動きと手の動き、この2つだ。さらに、このコンポーネントをいくつかのモジュールに分解する。足の上げ方、着地の仕方、蹴り出し方の3つに分けたとしよう。

　最も練習が必要なモジュールが「蹴り出し方」なら、まずはその動作だけを集中して練習する。納得がいくまで練習したら、3つの足の動きを結合して練習を重ね、最終的には手の動きも統合して練習する。

　まとめると、「分解統合練習」での練習は次の3通りだ。

(1) 単体練習（モジュールごと）
(2) 結合練習（コンポーネントごと）
(3) 統合練習（全体動作）

　問題のある箇所だけを意識して何度も繰り返す。そうすることで全体の動作が無意識のうちにできるようになる。これが「分解統合練習」の基本的な考え方である。

「分解統合練習」6つの手順

　それでは、この「分解統合練習」を使って実際に、プレゼン

テーションの練習について解説していこう。手順は次の6つ。

(1) 練習の範囲を決める（全体動作）
(2) 苦手な部分を切り取りコンポーネント化する
(3) さらに最小単位のモジュールに分解する
(4) モジュールごとに単体練習する
(5) モジュールを結合してコンポーネントごとに結合練習する
(6) すべてのコンポーネントを統合して統合練習する

（1）練習の範囲を決める（全体動作）

　今回のケースは、お客様の前でのプレゼンテーションだ。時間は30分。しかし30分のプレゼン全体を繰り返し練習するのは、現実的ではない。高いスキルを持っている人でない限り、練習の対象は必ず「動作」にすべきである。

　野球でたとえてみよう。「打つ」「守る」「走る」といった基本スキルが足りない選手が、練習試合に何度参加しても上達はしない。だから打撃の練習、守備の練習、走塁の練習といった具合にいったん「練習の範囲」を限定するのである。

　30分のプレゼンの場合なら、どの動作を「練習の範囲」とするのかを決めるのである。今回はお客様に絶対に知ってもらいたい「商品紹介（2～3分）」の箇所を練習の範囲とした。

【プレゼン内容（全体）】

　当社の商品は、御社の業務効率を驚くほど改善させます。紹介したい成功事例が3つあります。同じ業界の事例、同じ事業

スタイルの事例、同じ組織規模の事例、この３つです。それでは、同じ業界の事例からお話をいたします。

御社と同じ業界のＡ社では、わが社の商品を導入することで年間30％もの労働時間を削減することができました。具体的には４人で240時間の削減です。月間20時間もの労働時間を削減できた計算になります。

次に同じ事業スタイルの事例についてです。御社と同じ事業スタイルのＢ社では……

このように用意したプレゼン原稿をもとに本番と同じ環境で繰り返し練習する。２～３分の商品紹介であれば、３回、４回と繰り返すことで、どこが苦手かハッキリしてくるはずである。

（2）苦手な部分を切り取りコンポーネント化する

次に、どうしてもスラスラ話せない。つっかえてしまう。口がうまく回らない。そういう箇所を特定してコンポーネント化しよう。15～20秒ぐらいを目安とする。今回の場合、事例紹介の部分を切り取った。

【練習対象とするコンポーネント】

同じ業界の事例からお話いたします。御社と同じ業界のＡ社では、わが社の商品を導入することで年間30％もの労働時間を削減することができました。具体的には４人で240時間の削減です。月間20時間もの労働時間を削減できた計算になります。

この箇所（15〜20秒）を何度か繰り返し練習すれば、落ち着いて話せるようになるかもしれない。しかし、ほとんどの人は難しいだろう。まだスキルが足りない人はこれでも長すぎると感じるはずだ。

したがって、さらにこのコンポーネントを分解し、モジュール化する。

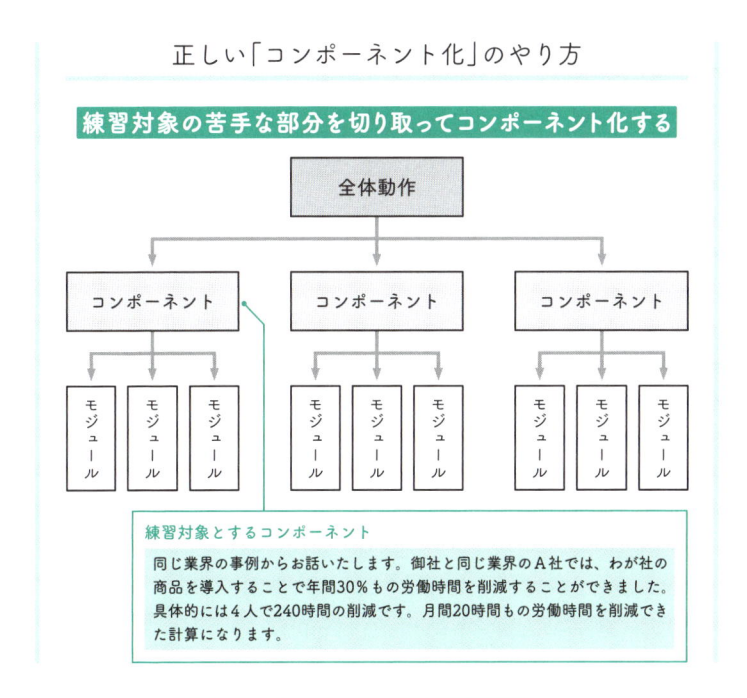

正しい「コンポーネント化」のやり方

練習対象の苦手な部分を切り取ってコンポーネント化する

全体動作

コンポーネント　コンポーネント　コンポーネント

モジュール　モジュール　モジュール　モジュール　モジュール　モジュール　モジュール　モジュール　モジュール

練習対象とするコンポーネント

同じ業界の事例からお話いたします。御社と同じ業界のＡ社では、わが社の商品を導入することで年間30％もの労働時間を削減することができました。具体的には4人で240時間の削減です。月間20時間もの労働時間を削減できた計算になります。

（3）さらに最小単位のモジュールに分解する

やってみればわかるだろう。15〜20秒の文章を覚えてスラスラ話せるようになるには、かなりの時間がかかる。

記憶に定着させるには「間隔反復」が最も有名な方法だ。一

定の間隔で何度も繰り返すことで、脳の海馬が活性化し、記憶力がアップする。いったん短期記憶に入ったなら、繰り返す間隔を徐々に広げていくやり方だ。

ただ、今回の目的は記憶することではない。無意識のうちに「できる」ようになることだ。つまり、**プレゼンテーションの中身を覚えることではなく、上手にプレゼンすることが目的だ。**

したがって、上手にプレゼンするためには、文章の内容ぐらいは早めに記憶しよう。

ピアノを弾くのと同じだ。楽譜を覚えるだけで上手にピアノが弾けるわけではない。プレゼンテーションであれば、効果的に「間」を作ったり、言葉にうまく感情をのせたり、身振り手振りを交えたりといったことなどもできなければならない。

それでは、次の3つをモジュールとして分解してみたい。

【単体練習をするモジュール】
- 御社と同じ業界ではＡ社がわが社の商品を導入しています
- 導入後、年間30％もの労働時間を削減することができました
- 月間20時間もの労働時間を削減できた計算になります

プレゼンテーションの場合は、1回の息継ぎが目安になると私は思う。

一文が長すぎる場合は、息継ぎすることなく話し切ることが難しいからだ。だからこれぐらいのセンテンスがモジュールとして最適だと考えた。

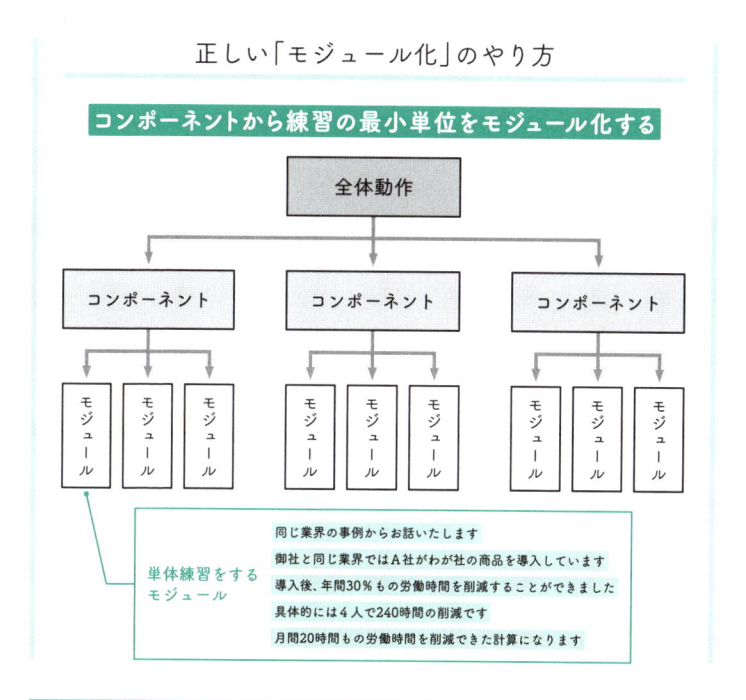

正しい「モジュール化」のやり方

コンポーネントから練習の最小単位をモジュール化する

全体動作

コンポーネント｜コンポーネント｜コンポーネント

モジュール｜モジュール｜モジュール｜モジュール｜モジュール｜モジュール｜モジュール｜モジュール｜モジュール

単体練習をする
モジュール

同じ業界の事例からお話いたします
御社と同じ業界ではA社がわが社の商品を導入しています
導入後、年間30％もの労働時間を削減することができました
具体的には4人で240時間の削減です
月間20時間もの労働時間を削減できた計算になります

（4）モジュールごとに単体練習する

　これでようやく準備が整った。練習開始である。たとえば次のフレーズを繰り返し練習してみよう。「間隔反復」で記憶するのだ。

「御社と同じ業界ではA社がわが社の商品を導入しています」

　単に5回、10回繰り返すだけでは記憶に残らない。何も見ることなく5回繰り返し、1分間おいて、また5回繰り返す。暗記できたと思ったら、5分後にまた5回繰り返してみるのだ。5分後もスラスラ言えたら、次は10分後にまた5回繰り返してみよう。

「間隔反復」で暗記できたら、次は「アクティブリコール（想起学習）」にチャレンジだ。

「御社と同じ業界ではＡ社がわが社の商品を導入しています」

というフレーズを歩いているときとか、会議の前とかに５回繰り返してみるのだ。やってみればわかるが、コンポーネント単位で「アクティブリコール」するのは、けっこう難しい。

同じ業界の事例からお話いたします。御社と同じ業界のＡ社では、わが社の商品を導入することで年間30％もの労働時間を削減することができました。具体的には４人で240時間の削減です。月間20時間もの労働時間を削減できた計算になります。

これだけの文章を日常生活で思い出して、何度も繰り返し練習できるかというと、けっこう難しい。だから、モジュール単位まで小さくするべきなのだ。

「あるべき姿」は生理的反応の変化である。心を許せる友だちと話しているときと同じぐらいに、リラックスしてそのフレーズを口にすることを目安にする。

「この前の映画観た？　まさかあの俳優が出てくるとはね！」

こんな何気ない会話と同じぐらい、ストレスなく口にできることが「あるべき姿」である。「うまく話せるかな？」と一瞬でも思わないほど、体に叩き込むことだ。

（5）モジュールを結合してコンポーネントごとに結合練習する

単体練習が終わったら、モジュールを結合して練習を繰り返

そう。これが結合練習だ。

「同じ業界の事例からお話いたします。御社と同じ業界のA社では、わが社の商品を導入することで年間30％もの労働時間を削減することができました。具体的には4人で240時間の削減です。月間20時間もの労働時間を削減できた計算になります」

この部分を身振り手振り交えながら、効果的に「間」を作ったり、感情豊かに話したりすることができたら合格だ。

忘れてはならないポイントは生理的反応である。**「自信がない」「うまく話せるか不安だ」と一瞬でも頭をよぎったら練習不足である。**

野球の守備練習でたとえよう。「ボールが飛んできたら嫌だな」「ちゃんとキャッチできるかな」と不安を抱えているなら、守備の練習が足りないという証拠である。

「どんな雨の日でも、絶対にエラーしない」

という自信がつくまで練習する。それが練習の基本的な考え方である。

(6) すべてのコンポーネントを統合して統合練習する

最後に、2〜3分の商品紹介すべてをプレゼンする統合練習をしよう。単体練習、結合練習を繰り返していれば、驚くほどの成果を手に入れられるはずだ。

苦手な部分だけを特定し、そこだけを徹底的に練習する。そして練習の成果が出たら、統合してまた練習を繰り返す。これが「分解統合練習」である。

遠回りのように思えるかもしれないが、実は最も効果的で、

効率的な練習方法だ。ぜひ試してもらいたい。

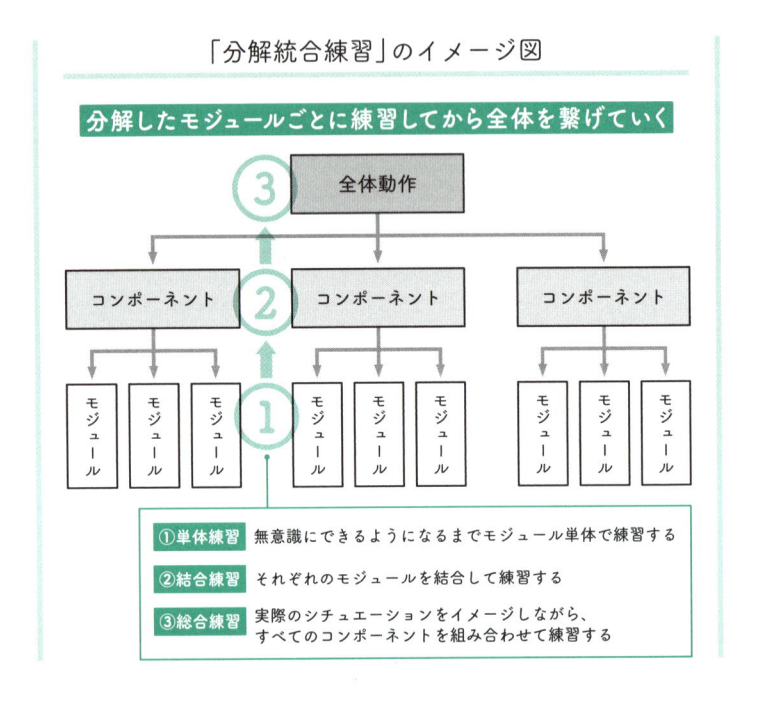

「分解統合練習」のイメージ図

分解したモジュールごとに練習してから全体を繋げていく

③ 全体動作

② コンポーネント　コンポーネント　コンポーネント

① モジュール　モジュール　モジュール　モジュール　モジュール　モジュール　モジュール　モジュール　モジュール

①単体練習　無意識にできるようになるまでモジュール単体で練習する

②結合練習　それぞれのモジュールを結合して練習する

③総合練習　実際のシチュエーションをイメージしながら、すべてのコンポーネントを組み合わせて練習する

仕事の「隙間時間」を使って練習するクセを付ける

　どんなに勉強しても、練習したと思っても、心に余裕がないなら「わかる」から「できる」に変化したことにはならない。練習の成果もあってプレゼンテーションが「できる」ようになれば、自動的に口から言葉が出てくるようになる。話しながら別のことも考えられる。アドリブもできるようになり、感情表現も自在に込められるようになる。

　スポーツでもそうだ。一つ一つの動作は、頭で考えなくても

できるようにしなければならない。動作をしながら、創造性も発揮できないと、試合で勝てなかったり、いいスコアを出したりすることができない。

　学生時代は、よく「練習」というフレーズを使ったはずだ。にもかかわらず、社会に出てからは、このフレーズを聞くことがほとんどなくなる。あなたは上司から、

「毎日、練習してる？」

　と質問されたことはあるだろうか？　反対に、

「どれぐらい練習した？」

　と部下に尋ねることは、どれほどあるだろうか？　練習がなければ上達しない。上達しなければスキルが身に付いたとも言わない。「分解統合練習」を覚えて、いろいろなスキルを効率的に体得してもらいたい。リスキリングにも練習が不可欠だ。

必ず「How」より「What」から始めよう!

運動不足を解消したい人は、だいたい同じことで悩んでいる。それは、

「何から始めたらいいか、わからない」

である。運動の方法(How)で悩んでいるわけではないのだ。これは読書習慣がない人も同じと言えよう。普段から読書をしない人は、

「どんな本を読んだらいいか、わからない」

で悩んでいる。そういう人に読書術(How)を教えても、悩みは解消しない。

勉強不足の人もまったく同じ。どのように(How)ではなく何を(What)から始めるべきだ。そうしないと「もっと勉強しろ」「リスキリングしなさい」と周りから言われても、何(What)から手を付けていいのかわからない。

本書はそんな悩みを抱えている人に向けた本だ。**ポイントは「マスト(Must)」ではなく「ナイストゥハブ(Nice to have)」**。実務に役立つ必須の知識やスキルではなく、必須ではないがあったほうがいい知識やスキルに焦点を合わせる。

「勉強しなければいけないとわかっているけれど、何から始めたらいいかわからない」

そんな人に、厚生労働省が推奨する「ポータブルスキル」の

取得をおススメした。理由は大きく分けて2つある。

（1）大きな強みになる
（2）時代が変化しても役立つ可能性が高い

　たとえばプログラマーにとってのプログラミング技術は、実務に役立つ必須スキル（Must）だ。このスキルを身に付けようと努力するのは当たり前。だから、それほど大きな差別化要素にはならない。長く経験を積んだり、特殊な環境下で鍛錬したら強みになるかもしれないが、簡単な道のりではないだろう。
　しかし、プログラミング技術は普通でも、プレゼンテーションスキルが高いプログラマーだったらどうか。
「あの人の話は本当にわかりやすい」
「ストーリーで語らせたら右に出る者はいない」
　と一目置かれるに違いない。このように、必須ではないがあったほうがいい知識やスキル（Nice to have）を身に付けたほうがラクに強みとなるのだ。それゆえ一所懸命に勉強しよう。理由は体得しようとする人が多くいないからだ。少なからず周りで勉強している人は、ほとんどいないはずだ。

- 「ファシリテーションスキル」が高いデザイナー
- 「言語化能力」が高い介護職員
- 「コーチングスキル」が高い税理士

　こういった人材は大きな強みを持つことができる。AIの進化

により、デザイナーとしての需要がなくなってもファシリテーションスキルが高ければ、その強みを仕事に活かせることだろう。税理士の仕事が激減しても、コーチングスキルで活躍できる場を探すことができるかもしれないのだ。

　ポイントは「マスト（Must）」ではなく「ナイストゥハブ（Nice to have）」。**勉強したいけど、何から始めたらいいかわからない人は、「ナイストゥハブ（Nice to have）」のポータブルスキルから始めるのがいい。**

勉強は「ハードワーク思考」で！

　本書を軽い気持ちで手に取った方は次の３つのフレーズに触れて、少なからずショックを受けたのではないか。

□社会人が勉強する上で、私がもっとも重要だと思っていることがある。それは、十分な勉強時間を確保することだ──（十分な勉強時間の確保）。

□勉強は基本的には一人でやるものだ。そこは学生も社会人も同じ。勉強は孤独な作業であり、自分との戦いなのである──（勉強は一人でやるもの）。

□練習がなければ上達しない。上達しなければスキルが身に付いたとも言わない──（勉強には練習が不可欠）。

　高校や大学受験、資格取得のための勉強本ならともかく、社会人の勉強について扱った書籍なのだから、

• **十分な勉強時間の確保**
• **勉強は一人でやるもの**
• **勉強には練習が不可欠**

　これら３つのポイントに違和感を覚えた人もいるだろう。「そこまでハードに勉強する必要がある？」と受け止めた読者も多いのではないか。

　しかし、それぐらいのハードワーク思考でない限り、勉強しても新しいスキル開発には役立たない。思いついたときに勉強し、反復練習もせずに放置しているようなら「勉強した」という自己満足しか得られない。

　私は現場に入ってコンサルティングをしている身だ。どんなにたくさんの研修を受けていても、まったく力が付いていない社員を膨大に見てきた。残念ながら生半可な気持ちで勉強しても、身にならないのが現実である。

　たとえば、当社は２年近く、毎月「ピラミッドストラクチャー」の勉強会を開いている。コンサルタントはもちろんのこと、アシスタントも含め全社員が対象だ。朝礼のスピーチでも毎朝意識して使ってもらっている。それぐらい徹底してようやく「ピラミッドストラクチャー」を使いこなせるようになるのだ。

　たまに思い返して本を読んだり、研修を１日や２日受講しても力は付かない。だから勉強は「ハードワーク思考」でやる意

味がある。

👍 勉強の真の目的は……？

「私も昔、ロジカルシンキングの研修を受けたことあります」
「ロジカルシンキングに関する本は、何冊か読んだことがあります」
「勉強したかどうか？」を質問すると、ほとんどの社会人は「勉強経験」を口にする。これでは「沖縄へ行ったときに、一度だけダイビングやったことあります」と言ってるのと同じだ。経験談を語っても仕方がない。「会計の勉強をしたことがあります」と「私は公認会計士の資格を持っています」とでは、まったく意味が異なるのだから。

勉強はあくまでも手段であり、目的ではない。知識やスキルを身に付けることが目的だ。

その目的を果たすまでは勉強の効果が出ていないと覚えよう。

　本書では超効率的な戦略的勉強法を紹介した。単に勉強経験を積むのではなく、本当に力が付く勉強法を紹介している。単なる勉強経験ではなく、勉強によって実力が付いたほうが絶対に面白いし、何より勉強しがいがある。

　ぜひ何度も読み返して「仕事中勉強法」を実践してもらいたい。目の前の仕事にも、将来のキャリアにも必ず役に立つと信じている。

　最後に、本書の執筆にあたり翔泳社の小川謙太郎さんに心からお礼を申し上げたい。

　学歴もない、高度な資格もない私が「勉強」をテーマにして執筆していいのかと悩んだが、そんな私だからこそ書ける視点もあると、小川さんが教えてくれた。

　このような機会をいただき、本当に感謝している。

　この書籍で勉強の面白さに気付き、これまで以上の成果を手に入れる方が一人でも増えることを心から願っている。

参考文献

- 『経営×人材の超プロが教える 人を選ぶ技術』小野壮彦著（フォレスト出版）
- 『自分のスキルをアップデートし続ける リスキリング』後藤宗明著（日本能率協会マネジメントセンター）
- 『仮説思考 BCG流 問題発見・解決の発想法』内田和成著（東洋経済新報社）
- 『ロジカル・プレゼンテーション 自分の考えを効果的に伝える戦略コンサルタントの「提案の技術」』高田貴久著（英治出版）
- 『問題解決 あらゆる課題を突破する ビジネスパーソン必須の仕事術』高田貴久、岩澤智之著（英治出版）
- 『地頭力を鍛える 問題解決に活かす「フェルミ推定」』細谷功著（東洋経済新報社）
- 『メタ思考トレーニング 発想力が飛躍的にアップする34問』細谷功著（PHP研究所）
- 『入門 考える技術・書く技術 日本人のロジカルシンキング実践法』山崎康司著（ダイヤモンド社）
- 『反共感論 社会はいかに判断を誤るか』ポール・ブルーム著、高橋洋訳（白揚社）
- 『共感の正体 つながりを生むのか、苦しみをもたらすのか』山竹伸二著（河出書房新社）
- 『[図解]アンガーマネジメント超入門「怒り」が消える心のトレーニング』安藤俊介著（ディスカヴァー・トゥエンティワン）

- 『LISTEN　知性豊かで創造力がある人になれる』ケイト・マーフィ著、篠田真貴子監訳、松丸さとみ訳（日経BP）
- 『GIVE&TAKE「与える人」こそ成功する時代』アダム・グラント著、楠木建監訳（三笠書房）
- 『気持ちよく人を動かす』高橋浩一著（クロスメディア・パブリッシング）
- 『NLPの基本がわかる本（実務入門)』山崎啓支著（日本能率協会マネジメントセンター）
- 『NLPの実践手法がわかる本（実務入門)』山崎啓支著（日本能率協会マネジメントセンター）
- 『この１冊ですべてわかる 新版 コーチングの基本』コーチ・エィ著、鈴木義幸監修（日本実業出版社）
- 『ビジネスマンのための「読書力」養成講座』小宮一慶著（ディスカヴァー・トゥエンティワン）
- 『成功する練習の法則　最高の成果を引き出す42のルール』ダグ・レモフ、エリカ・ウールウェイ、ケイティ・イェッツイ著、依田卓巳訳（日本経済新聞出版）

本書内容に関するお問い合わせについて

このたびは翔泳社の書籍をお買い上げいただき、誠にありがとうございます。弊社では、読者の皆様からのお問い合わせに適切に対応させていただくため、以下のガイドラインへのご協力をお願い致しております。下記項目をお読みいただき、手順に従ってお問い合わせください。

●ご質問される前に

弊社Webサイトの「正誤表」をご参照ください。これまでに判明した正誤や追加情報を掲載しています。

　　　正誤表　https://www.shoeisha.co.jp/book/errata/

●ご質問方法

弊社Webサイトの「書籍に関するお問い合わせ」をご利用ください。

　　　書籍に関するお問い合わせ　https://www.shoeisha.co.jp/book/qa/

インターネットをご利用でない場合は、FAXまたは郵便にて、下記"翔泳社 愛読者サービスセンター"までお問い合わせください。
電話でのご質問は、お受けしておりません。

●回答について

回答は、ご質問いただいた手段によってご返事申し上げます。ご質問の内容によっては、回答に数日ないしはそれ以上の期間を要する場合があります。

●ご質問に際してのご注意

本書の対象を超えるもの、記述個所を特定されないもの、また読者固有の環境に起因するご質問等にはお答えできませんので、予めご了承ください。

●郵便物送付先およびFAX番号

送付先住所　　〒160-0006　東京都新宿区舟町5
FAX番号　　　03-5362-3818
宛先　　　　　（株）翔泳社 愛読者サービスセンター

※本書に記載されている情報は2024年10月執筆時点のものです。
※本書に記載されたURL等は予告なく変更される場合があります。
※本書の出版にあたっては正確な記述につとめましたが、著者や出版社などのいずれも、本書の内容に対してなんらかの保証をするものではなく、内容やサンプルに基づくいかなる運用結果に関してもいっさいの責任を負いません。
※本書に記載されている会社名、製品名はそれぞれ各社の商標および登録商標です。

著者プロフィール

横山信弘 （よこやま・のぶひろ）

株式会社アタックス・セールス・アソシエイツ代表取締役社長。

企業の現場に入り、目標を「絶対達成」させるコンサルタント。
幼いころから自由奔放な性格で、大学も行かずに社会に飛び出した。ボランティア活動に精を出していた20代はよかったが、30歳を過ぎてから長年勉強しなかったツケに直面。35歳でコンサルタントに転身したことを機に、独学による猛勉強を開始した。その数年後にはコンサルタントとして実績を上げ始め、セミナーや講演の依頼が殺到。41歳で処女作を上梓し、現在はYouTubeなどのSNSで6万人以上のフォロワーを獲得する。24冊の著書は累計50万部超。代表を務めるコンサルティング会社は14年以上連続で売上・利益ともに目標を達成し続けている。
コンサルティング先はNTTドコモ、ソフトバンク、サントリーなどの大企業から中小企業にいたるまで200社以上。
「日経ビジネス」「東洋経済」「PRESIDENT」など、各種ビジネス誌への寄稿、多数のメディアでの取材経験がある。メルマガ「草創花伝」は3.8万人超の企業経営者、管理者が購読する。
著書は『絶対達成マインドのつくり方』（ダイヤモンド社）『絶対達成バイブル』（フォレスト出版）など「絶対達成」シリーズの他、『「空気」で人を動かす』（フォレスト出版）等多数。著書の多くは、中国、韓国、台湾で翻訳版が発売されている。

STAFF

装丁デザイン／山之口正和＋永井里実（OKIKATA）
本文デザイン・DTP／斎藤充（クロロス）

トップコンサルタントの「戦略的」勉強法

2024年12月11日　初版第 1 刷発行

著　　　者	横山 信弘	
発　行　人	佐々木 幹夫	
発　行　所	株式会社 翔泳社（https://www.shoeisha.co.jp）	
印刷・製本	日経印刷 株式会社	

本書へのお問い合わせについては、286ページに記載の内容をお読みください。

ISBN978-4-7981-8417-3　　　　　　　　　　　　　　　Printed in Japan